UNDERSTANDING FRENCH

BY THE SAME AUTHOR

'O' Level French Dictation
'O' Level French Pictorial Composition
'A' Level French Dictation

UNDERSTANDING FRENCH

A BASIC TWO-YEAR COURSE IN COMPREHENSION

MARGARET COULTHARD
M.A.(Oxon.)

Head of Languages Department

Lampton School, Hounslow

HUTCHINSON EDUCATIONAL

HUTCHINSON EDUCATIONAL LTD
3 Fitzroy Square, London W1

London Melbourne Sydney Auckland
Wellington Johannesburg Cape Town
and agencies throughout the world

First published 1968
Second impression August 1969
Third impression September 1970
Fourth impression August 1973

Printed in Great Britain by litho on smooth wove paper
by Anchor Press, and bound by Wm. Brendon,
both of Tiptree, Essex

ISBN 0 09 088160 5

A
Félix Carrère
qui comprend si bien l'anglais et les Anglais

ACKNOWLEDGMENTS

Thanks are due to the following examining bodies for their kind permission to reproduce examples of their Ordinary Level French Comprehension Tests in the Appendix to this book.

Certificate of Secondary Education

Associated Lancashire Schools Examining Board
East Anglian Examinations Board
East Midland Regional Examinations Board
Metropolitan Regional Examinations Board
Middlesex Regional Examining Board
North-Western Secondary School Examinations Board
Southern Regional Examinations Board
South-East Regional Examinations Board
West Midlands Examinations Board

General Certificate of Education

Associated Examining Board for the General Certificate of Education
University of Cambridge Local Examinations Syndicate
Joint Matriculation Board
Oxford Delegacy of Local Examinations
Oxford and Cambridge Schools Examination Board
Scottish Certificate of Education Examinations Board
Southern Universities' Joint Board for School Examinations

I should like in addition to express my gratitude to Miss E. G. Barr, a colleague at Spring Grove Grammar School, for her invaluable assistance.

M. C.

CONTENTS

Acknowledgments
Preface

General Guidance, 13

8 CONTENTS

APPENDIX
SELECTION OF COMPREHENSION TESTS SET BY
EXAMINING BOARDS

C.S.E.

PREFACE

Comprehension is the first stage of learning a language and it continues to be the chief basic requirement for making progress. The purpose of this book is to provide material (graded and classified) for developing a learner's understanding of French over a course of two years, and incidentally to help to equip candidates for G.C.E. and C.S.E. examinations. Examples of the comprehension tests set by G.C.E. and C.S.E. examining boards are to be found in the Appendix.

The sixty passages for comprehension are based on a wide variety of topics and incidents drawn from modern everyday life. So that the passages may be used for either aural or written comprehension, the relevant questions do not immediately follow them but are to be found in their own sections later in the book. Two separate sets of questions, one in French and one in English, are provided for each passage; page references are given to enable them to be found easily when required. The French-English vocabulary at the end, though not exhaustive, contains many of the more important or less familiar words and phrases. Its inclusion is meant to add to the usefulness of the book as a means of teaching and learning, not merely testing. It will be time-saving and helpful too, perhaps, for the lone student, who sometimes finds dictionary-work tedious and frustrating.

As to method, the longer one teaches the less one is ready to be dogmatic about this. Since one is dealing with human beings of an infinite variety of aptitudes and characteristics, one should be prepared to vary one's approach. Too rigid devotion to one method or one routine can have a stultifying effect on both teacher and pupils. The passages in this book are intended to be used as the basis of a variety of aural, oral and written exercises. In some cases the final questions of a set are of a more general nature, intended to lead to further conversation, discussion or research.

The passages and questions should be at least in part within the capacity of all pupils who have been learning French for three or four years. The amount of help to be given will naturally vary, but the more able pupils should find it possible to extend and expand their knowledge freely, and even the less able should be able to gain some feeling of achievement.

M. C.

GENERAL GUIDANCE

The comprehension test set for examination purposes appears in a number of forms, as can be seen from the examples of past tests included in the Appendix of this book.

The test passage in French may be written or spoken and the questions on it may be in French or English.

With the exception of one examining board, which has used a scheme of answering by a tick in a column, these examples show that answers in written French or English are required.

One should therefore try to develop skill not only in understanding both spoken and written French but also in expressing oneself in either form, to such an extent that one would be able to face any form of test without anxiety. To develop this ability, one should make a deliberate attempt to link meaning, sound and spelling when reading, writing or learning. A thorough grounding in basic principles of grammar and syntax is also necessary to ensure the desirable degree of accuracy in both comprehension and communication.

Written comprehension

Many of the tests of this kind have questions in French, and most examiners require that the answers in French should be given in complete sentences. The candidates usually have the questions in front of them throughout this form of test.

Attention must be given to the tenses of the verbs in the questions and the same tense must be used in the answer in most circumstances. If the test piece uses the past historic, this tense is often replaced by the perfect in the questions, and if this is the case the answers must also be given in the perfect tense.

In the written comprehension test one must be particularly careful to answer the question set and beware of merely copying 'chunks' of text.

In reading the questions, attention must be paid to detail: for example, it is easy to give a wrong answer if one fails to distinguish between *Qui est-ce qui* and *Qu'est-ce qui*.

One should be thoroughly familiar with interrogative forms, including the following:

(i) Interrogative pronouns—

qui	who, whom (subject; object; after preposition)
qui est-ce qui	who (subject)
qui est-ce que	whom (object)
qu'est-ce qui	what (subject)
que	what (object)
quoi	what (after preposition)
lequel, etc.	which, which one

(ii) Interrogative adjective—

quel	what, which

(iii) Interrogative adverbs—

combien (de)	how much, how many
comment	how, in what manner (if with *être*, refers to appearance)
où	where
pourquoi	why
quand	when

Aural comprehension

These tests normally have questions in English.

Some examiners require complete sentences in answer, some do not. Some stress brevity, others fullness in answers.

All stress the need for accuracy in answering the requirements of the questions set.

The method of presentation varies somewhat from board to board (see examples of tests in Appendix), but generally speaking the procedure is as follows: the complete passage in French is read out at a moderate speed before the candidates see the questions on it; a second reading is given, during which the candidates have the questions in front of them; after this reading, candidates must answer the questions; when time has been allowed for this, the passage may be read aloud once more. Sometimes the passage is divided into two or three sections for the second reading, with time allowed at the end of each section for writing answers to the relevant questions. Sometimes candidates are allowed to make notes during one of the readings.

Whatever form the test may take, full attention must be given to the content of the passage and the questions on it, and the answers, whether in French or English, must be clearly written, accurate, complete, and to the point.

1   Passages : Première Année

1 SUR LA COTE BRETONNE

Nous avons à Paris un ami anglais qui s'est installé il y a quatre mois dans un appartement au troisième étage d'un grand immeuble. La cuisine est moderne et tout y marche à merveille. Il est propriétaire aussi d'une petite villa sur la côte bretonne, mais là c'est une autre affaire.

Le lendemain de la fête du quatorze juillet, notre ami Charles, sa femme et leurs trois enfants montent dans leur vieille Simca, le coffre à bagages regorgeant d'une multitude de sacs et de valises. Ils sont contents d'aller passer deux mois au bord de l'Océan, loin des foules parisiennes. Il y a toujours, même à la plage, beaucoup de jeunes gens qui se promènent sans cesse, un transistor en bandoulière, mais on peut prendre plaisir à regarder les enfants faire des châteaux de sable ou les jeunes filles se dorer au soleil.

Dans la cuisine de la villa les appareils ne fonctionnent pas toujours comme il faut, mais si quelque chose ne marche pas, c'est Charles qui veut s'en occuper, et quelquefois — pas souvent, on doit l'avouer — il arrive à tout remettre en ordre. La semaine dernière, par exemple, on ne pouvait pas fermer un des robinets de l'évier, et l'eau froide coulait tout le temps. Charles a essayé en vain de faire venir le plombier et il s'est enfin décidé à rajuster lui-même le robinet. Malheureusement il n'a fait qu'empirer les choses; après tous ses efforts l'eau a coulé sans cesse du robinet à eau chaude aussi bien que du robinet à eau froide.

Après cet incident, sa femme, furieuse, lui a conseillé d'aller plutôt faire des excursions dans la région, et d'emmener les enfants au port pour voir l'arrivée des sardiniers ou admirer les dentelles faites par les Bretonnes aux belles coiffes hautes. Il passe actuellement des journées entières à explorer les grottes mystérieuses de la côte ou à s'entretenir avec les Bretons qui traversent la Manche pour aller vendre leurs chapelets d'oignons en Angleterre. Mais un de ces jours il recommencera de plus belle, et alors quelle catastrophe domestique verra-t-on?

(*Questions:* French, page 81; English, page 106)

2 DANS LE MIDI

Le tempérament méridional est le contraire du mien; j'aime pourtant passer la plus grande partie de l'année dans le Midi. En effet beaucoup de mes voisins normands font leur retraite sur la côte de la Méditerranée, car on y est tout le temps de bonne humeur.

Au début de mon premier séjour sur la Côte d'Azur, j'ai fait un tour en auto jusqu'à Cassis, un petit port tout près de Marseille. De Cassis on peut faire des promenades en bateau pour visiter les calanques, les fiords français connus par toute l'Europe. Je suis allé à la jetée et je me suis installé dans un petit canot automobile, où sommeillait un vieux marin qui avait peut-être soixante ans. On devait partir à deux heures. Vers deux heures et demie le marin m'a dit qu'il faisait vraiment trop chaud pour des excursions en pleine mer. Nous y sommes restés donc à parler, d'abord et surtout de l'économie nationale, ensuite du Tour de France, et puis du championnat régional de la pétanque, ce qui veut dire dans le Midi "le jeu de boules." Finalement vers sept heures, nous sommes allés boire un petit coup dans le café tout près de l'embarcadère, et une demi-heure plus tard nous nous sommes donné rendez-vous pour le lendemain au même endroit.

Je me demande si je verrai jamais les calanques, mais cela m'est égal. Le plus surprenant c'est que je m'habitue facilement à ce train de vie et à l'idée de ne me tracasser de rien. Mes amis disent que c'est sans doute à cause du bon vin de la région; ma famille croit que je souffre d'un coup de soleil prolongé. Ivre de vin ou de soleil, je suis convaincu que ce n'est que dans ce pays-ci que j'ai trouvé le vrai bonheur.

(*Questions:* French, page 81; English, page 106)

3 DESTINATION TANGER

Un commerçant assez riche, Monsieur Claude Ampère, né à Lyon, parle souvent de son illustre aïeul le savant physicien. Il suggère même que l'empereur romain Claude, né lui aussi à Lyon, se trouve parmi ses ancêtres! Mais ses amis ne prennent pas tout cela trop au sérieux.

Lyon, situé au confluent du Rhône et de la Saône, est une grande ville industrielle; ses rues sont affairées et bruyantes, surtout aux heures de pointe. L'été dernier, Monsieur Ampère, se sentant fatigué et énervé à cause du bruit incessant, est allé consulter un médecin. Celui-ci lui a dit qu'il lui fallait un changement d'air et a proposé un séjour au Maroc, à Tanger par exemple.

Monsieur Ampère a donc laissé sa coutellerie aux bons soins de sa femme et a commencé son long voyage. Il avait décidé d'aller par le train jusqu'à Nice, où il prendrait l'avion de Madrid pour voir un peu l'Espagne en route. A Nice tous les habitants bavards semblaient crier à la fois, et Monsieur Ampère est reparti au plus vite. A Madrid c'était encore pire; mais la route Madrid-Malaga était presque déserte. Plus de grandes villes, très peu de villages; rien qu'un plateau poudreux et puis les hautes montagnes arides des sierras. Et jour et nuit une chaleur accablante . . .

Dans le port de Malaga cependant un paquebot tout neuf appareillait. Une fois à bord, Monsieur Ampère, épuisé, s'est endormi, et cinq heures plus tard il s'est trouvé à Tanger . . . "Le docteur a eu raison," s'est dit enfin Monsieur Ampère. "A Tanger on a de tout: le soleil, la plage, le port, les vieux quartiers arabes, les beaux bâtiments modernes . . . et la brise rafraîchissante de la mer." Cette nuit en effet il s'est couché bien content.

Mais à l'aube le pauvre Monsieur Ampère s'est réveillé en sursaut. Tous les coqs de la vieille ville chantaient, tous les chiens de la ville entière aboyaient. Il y avait aussi un autre bruit affreux, le braiment de tous les petits ânes du voisinage. Sans plus tarder, sans même déjeuner, il est reparti pour Lyon.

(*Questions:* French, page 82; English, page 106)

4 DÉFENSE DE KLAXONNER

Mon jeune neveu vient de recevoir son permis de conduire, et cela me rappelle un incident embarrassant d'il y a quinze ans. J'avais mon permis depuis deux mois et j'étais dans la belle Citroën neuve que m'avait achetée mon mari. J'étais accompagnée d'une amie qui était gentille et placide et qui n'aimait pas se faire remarquer.

Tout d'un coup un petit garçon s'est avancé sur la chaussée. J'ai klaxonné, mais j'ai dû quand même arrêter l'auto, car le petit ne trouvait pas mieux que de s'asseoir au beau milieu de la route. L'arrêt brusque nous a fait tourner le sang. Après quelques instants nous sommes reparties, mais l'auto avait évidemment le système nerveux beaucoup plus délicat que le nôtre, car le klaxon a continué à résonner. Je n'ai pas pu le faire cesser, et nous avons fait encore cinq kilomètres à la musique de cette fanfare de trompettes, pour arriver chez moi comme si nous arrivions devant le tribunal du jugement dernier.

Mon unique consolation, c'est que je n'ai pas été la seule personne à déranger toute la ville. Le lendemain, en lisant le journal, j'ai trouvé l'histoire d'un fermier de cinquante-huit ans: un bruit terrifiant avait réveillé pendant la nuit presque tous les habitants de notre petite ville; les gendarmes s'étaient rendus sur place, pour trouver que cet homme s'était endormi dans sa vieille voiture, la tête sur le volant et le pied sur l'accélérateur. Il s'était arrêté pour se reposer un peu, mais il n'avait pas coupé le contact. Il avait été tellement fatigué qu'il s'était assoupi, et dans quelques instants il dormait comme une souche sans entendre ni klaxon ni moteur.

(*Questions:* French, page 82; English, page 107)

5 DANS LE MÉTRO

J'ai un petit cousin que j'invite tous les ans à passer une quinzaine
de jours chez moi à Paris. En France on a toujours un petit cousin
ou une petite cousine qu'il faut inviter, car la vie familiale est
très resserrée: il y a des dîners de famille, des conseils de famille,
des héritages de famille, des disputes de famille à n'en plus
finir . . . D'habitude j'aime mes parents, mes parentes et tous
leurs enfants, mais cet enfant Achille est vraiment insupportable.

Achille n'a que dix ans mais on a beau lui dire de rester
tranquille, de ne pas faire la grimace, de ne pas chasser le chat
siamois de la voisine . . . Il a l'air d'écouter mais évidemment
il n'entend pas, ou peut-être bien qu'il ne veut pas entendre.
Par contre il a les yeux bleus et le sourire doux et attrayant.
Mes amies me disent:

— Pourquoi te fâches-tu, Jacqueline? Ton petit cousin a un
visage d'ange.

Et je réponds:

— Vous ne le connaissez pas. C'est un petit démon!

Pendant sa dernière visite Achille a voulu absolument passer
toute une journée dans le Métro. A la station il a tiré la langue
à la brave femme qui, assise au guichet, vendait des carnets de
tickets. Ensuite il a couru dans les couloirs et s'est posté comme
une sentinelle devant le portillon fermé. Sur le quai il a sauté
à cloche-pied au lieu de monter dans la rame. Près de la sortie
il a fait tomber un panier d'œufs que portait une vieille dame;
les yeux de celle-ci se sont mouillés de larmes. Je ne savais où
me mettre, ni lui non plus! Il s'est confondu en excuses.

Il y a quatre jours Achille m'a envoyé une lettre pleine de
regrets et de promesses. Que faire? Est-ce que je vais le recevoir
l'année prochaine? Peut-être que oui, mais point de Métro!

(*Questions:* French, page 82; English, page 107)

6 LES LEÇONS DE L'EXPÉRIENCE

Mon mari Robert a toujours aimé les voyages, surtout les voyages sur mer. Quand il était tout jeune il avait un petit voilier et il faisait des rêves de gloire. Quand il était lycéen il allait à bicyclette ou en autobus. Pendant les grandes vacances il prenait un rapide pour aller en Normandie ou aux Gorges du Tarn. Entré dans la marine il a fait plusieurs longs voyages jusqu'au Japon et aux États-Unis.

Quand il est en permission, Robert fait avec nos deux filles des promenades à cheval ou conduit notre Peugeot sur les autoroutes ou sur les petits chemins vicinaux près de la ferme de ses parents. Il n'aime pas les auto-stoppeurs et refuse toujours de les aider, en disant que la marche à pied leur fait du bien et que l'expérience nous rend habiles.

Un jour il a manqué le train pour retourner à son croiseur à Toulon. Il a décidé de prendre l'avion. C'est alors que nous avons découvert que ce moyen de transport lui faisait peur. Pour l'encourager, notre fils aviateur, Jacques, lui a dit qu'il avait fait des centaines d'heures de vol sans être malade, et qu'un avion à réaction n'était pas un hélicoptère.

— Papa, a-t-il dit, tu n'as jamais eu le mal de mer, ni dans le plus petit paquebot, ni dans le plus petit bateau à rames. Dans l'avion tu n'as qu'à boucler ta ceinture de sécurité pour le moment du décollage et puis tu peux regarder s'éloigner les hangars et les pistes d'envol de l'aéroport.

Une fois dans l'avion papa a commencé à se rassurer lui-même. L'hôtesse lui a apporté un whisky à l'eau et ensuite du café et des sandwichs au jambon. Malheureusement une demi-heure plus tard le temps s'est gâté et il a fallu boucler les ceintures à cause des trous d'air. Papa n'a pas eu le mal de l'air bien sûr, mais en descendant de l'avion il n'avait plus l'air frais et gaillard et il a annoncé:

— J'ai toujours cru que la marine était supérieure à l'aviation; maintenant j'en suis sûr.

(*Questions:* French, page 83; English, page 107)

7 UN PETIT HOTEL

Je fais souvent des rêves de richesses mais j'ai aussi des goûts simples. Je jouis d'une bonne santé, j'aime marcher et je cause volontiers avec n'importe qui.

L'année dernière, au mois de septembre, j'ai décidé de passer huit jours près du bassin d'Arcachon et d'explorer ensuite les Landes. J'espérais voir des danses régionales et le jeu national des Basques, la pelote. J'ai choisi un village perdu dans une forêt de pins près de Bordeaux et j'y ai pris une toute petite chambre dans un tout petit hôtel. Ce n'était pas un hôtel de luxe: il n'y avait ni gérant, ni maître d'hôtel, ni chasseur, ni femme de chambre. Il n'y avait pas non plus de liftier — mais de toute façon il n'y avait pas d'ascenseur!

Le menu n'était pas très varié mais j'ai quand même très bien mangé: une bonne soupe à l'oignon, des escargots à la bordelaise, des huîtres d'Arcachon, un artichaut énorme, du pâté maison, une omelette aux tomates et aux poivrons verts, et une grappe de raisin — le tout arrosé, comme on dit, d'un bon verre de vin blanc.

Il n'y avait qu'un inconvénient: le patron de l'hôtel se couchait toujours vers neuf heures. Un soir je suis allé voir un petit cirque ambulant. De retour à mon hôtel j'ai trouvé la porte fermée. Je l'ai secouée de toutes mes forces et j'ai réussi enfin à pénétrer dans le bar. Mais c'est là dans le bar qu'il m'a fallu passer le reste de la nuit, car toutes les portes à l'intérieur du bar étaient fermées à clef. J'étais entouré de bouteilles de cognac, et tout ce que je voulais boire, c'était une simple tasse de café. J'ai crié à tue-tête, le chien du patron n'a pas cessé d'aboyer, mais lui le patron dormait profondément. Imaginez sa surprise quand il m'a trouvé le lendemain matin dans le bar. Il s'est excusé:

— Hélas, Monsieur Ravel, j'ai oublié de vous donner la clef de la porte de derrière!

(*Questions:* French, page 83; English, page 108)

8 L'HOTEL DES INVALIDES

Les guides touristiques de Paris contiennent d'habitude une liste de monuments tels que le musée du Louvre, la basilique du Sacré-Cœur, la cathédrale de Notre-Dame, l'Arc de Triomphe de l'Étoile, la tour Eiffel. On devrait mettre en tête de la liste l'Hôtel des Invalides.

Gustave Eiffel a fait construire sa tour célèbre en 1889 et depuis cette date on ne dit que des plaisanteries là-dessus: la vieille histoire par exemple du monsieur qui mange toujours dans le restaurant de la tour afin de ne pas voir la tour, car de partout ailleurs à Paris on voit ce qu'il appelle cette monstruosité de l'ingénieur dijonnais. Mais si l'on veut rendre hommage au tombeau de Napoléon Ier, l'Hôtel des Invalides vous fera une impression bien différente. Ce monument représente en même temps le panache et la simplicité du petit Corse qui a conquis l'Europe. Les armées de l'empereur ont voulu dominer sur les pays européens du dix-neuvième siècle, et c'est le dôme majestueux de ce monument qui domine la capitale de la France du vingtième siècle. Napoléon lui-même a préparé le Paris moderne. Il a fait percer de nouvelles routes; il a fait construire trois ponts nouveaux; il a restauré ou construit plusieurs marchés ou halles. Il s'est montré quelquefois despote, mais il a pris souvent des mesures dignes d'un grand législateur et d'un financier intelligent: il a créé le Code civil et la Banque de France, il a réorganisé l'Université.

Napoléon a fait tout cela, non pas pour sa propre gloire, ni pour la gloire de ses soldats, mais pour sa patrie. Il avait le goût du travail et bien des fois il se contentait de quatre heures de sommeil. Si seulement on pouvait faire aujourd'hui le même coup de collier! On prend plaisir à ses constructions, on tire profit de ses efforts. Pourquoi ne pas l'imiter un peu dans les sacrifices qu'il a faits pour son pays? La France a une dette énorme envers son empereur et elle n'en sera jamais quitte.

(*Questions:* French, page 84; English, page 108)

9 UN JARDIN DE BANLIEUE

A son bureau mon père parle tout le temps de notre jardin. Au ministère de l'Intérieur, aussi bien que chez nous, il annonce souvent que le jardinage est une science. Il nous dit qu'il vaut mieux passer trois quarts d'heure à étudier des manuels d'horticulture que trois heures à travailler dans le jardin. Il est devenu jardinier-expert, mais c'est grâce aux efforts pratiques de maman et non pas aux théories de papa qu'on admire notre jardin.

Derrière la maison s'étend une pelouse et c'est maman qui tond le gazon. Dans le jardin potager c'est elle qui cultive les rangs de haricots verts, d'aubergines, d'épinards et de laitues. On y trouve aussi du persil, du céleri, du thym et un laurier — maman en fait des bouquets garnis pour les plats de toutes ses amies. Nous n'avons pas de serre, car à Nîmes il fait beau pendant la plus grande partie de l'année, et nos concombres, nos tomates et nos melons poussent en plein air. Maman a planté un abricotier et deux pêchers. Trois arbres fruitiers, ce n'est pas un verger, mais les fruits de ces trois arbres sont délicieux. Tout au fond se trouve ce que papa appelle notre jardin à l'anglaise: un beau jardin sans ordre où poussent pêle-mêle des asters, des soucis, des chrysanthèmes, mais personne ne les cultive. Papa critique toujours ce coin du jardin, mais il n'y fait rien.

Hier soir maman a rapporté une dizaine de livres qu'elle a achetés dans la librairie en ville: des livres d'horticulture.

— Mon cher, a-t-elle dit à papa, tu m'as toujours vanté l'importance d'étudier les théories du jardinage. Eh bien, c'est ce que je ferai. Demain matin je vais m'installer sur la pelouse et je vais passer la journée entière à lire. Ce sera à toi de manier la bêche, de retourner le sol, d'arracher les mauvaises herbes et de pousser la brouette, et à moi de m'occuper de la théorie.

(*Questions:* French, page 84; English, page 109)

10 LE JARDIN DU LUXEMBOURG

Le jardin du Luxembourg est sans doute un des jardins les plus célèbres de Paris. Quand j'étais toute petite mes parents m'y emmenaient souvent. Plus tard, quand je faisais mes études à la Sorbonne, je me promenais avec d'autres étudiantes dans ce même jardin, devant les mêmes parterres de fleurs; je m'asseyais sur un banc de pierre — car je n'avais pas alors de quoi payer la chaisière — et je feuilletais mes livres de littérature anglaise. J'y suis retournée l'année dernière et en effet je crois qu'il n'y a là rien de changé.

Pendant cette visite j'ai assisté à un petit incident amusant. Les jardiniers arrosaient les pelouses. Les petites filles achetaient des glaces à la vanille, à la fraise, au chocolat. Sur les terrasses il y avait toujours de ces petits kiosques qui sentaient la friture. Je ne me rappelle plus ce qu'on y vendait autrefois, mais cette fois j'y ai acheté deux crêpes bretonnes. Tout de suite j'ai eu l'impression d'être transportée au temps de ma jeunesse, au temps du théâtre de Guignol, au temps des marionnettes.

Je me suis assise sur le même banc de pierre que je connaissais depuis tant d'années. Tout près de moi une jeune Parisienne tricotait en parlant à sa voisine. Le petit fils se tenait sage et obéissant à côté de sa maman. Il portait un costume bleu clair, presque neuf et repassé à merveille. Il a regardé un bon moment les autres enfants qui jouaient à cache-cache ou sautaient à la corde. Puis tout d'un coup, malgré les protestations de sa mère, il s'est précipité pour chasser une volée de pigeons. Malheureusement en s'avançant il a reçu en pleine figure le jet d'eau d'un tuyau d'arrosage; en quelques secondes il a été trempé jusqu'aux os. Je me demandais si sa maman allait se mettre en colère: tout d'abord elle en avait l'air mais enfin elle a éclaté de rire.

Voilà pourquoi ce jardin représente pour moi la France. C'est un jardin régulier, traditionnel, invariable. On y trouve toutes ces qualités bourgeoises qui rendent les Français si admirables, et on y trouve aussi tous ces éléments de révolte qui les rendent si aimables.

(*Questions:* French, page 85; English, page 109)

11 UNE ESTHÉTICIENNE

Ma sœur Brigitte a suivi des cours d'esthétique à un institut de beauté. Après six mois d'enseignement théorique elle a fait un stage pratique et elle a eu enfin un poste important à Paris. Elle travaille comme esthéticienne pour un magazine féminin: elle gagne une réputation considérable et sous le nom de Mireille elle donne des conseils gratuits sur la toilette, la coiffure, le maquillage.

Elle sait par cœur les phrases et les adjectifs à employer. Elle a écrit tant de fois: "Chaque matin pensez à votre toilette, et pour rester jeune gardez un corps souple, svelte, harmonieux!" Elle a vanté si souvent les exercices physiques et les régimes à basses calories pour les gens qui veulent maigrir. Elle a parlé de manucures et de pédicures, et de coiffeurs qui vous massent les cheveux pendant une heure avec un shampooing à la bière. Elle a décrit les bigoudis qui sont indispensables si on veut réaliser un indéfrisable ou une mise en plis pour affirmer sa personnalité. "Il faut," disait-elle, "choisir avec attention son fard, son rouge à lèvres, ses crayons, son eau de toilette et son parfum." En été elle conseillait à ses lecteurs de s'enduire la peau d'une huile solaire parfumée pour favoriser le bronzage tout en vivifiant chaque millimètre carré de l'épiderme.

Brigitte vient de passer des vacances à Nice. Elle voulait ne plus penser au culte de la beauté. Elle a refusé de se maquiller; les cheveux tirés en arrière, elle est restée en plein soleil; elle a mangé toutes sortes de glaces et de gâteaux. Un jour une dame maigre et peu séduisante qui demeurait dans le même hôtel s'est approchée d'elle en s'excusant un peu.

— Voilà un magazine excellent, a dit la dame. Il y a de tout là-dedans. Si vous écrivez à leur esthéticienne, Mireille, elle pourra certainement vous aider à résoudre vos petits problèmes, comme elle m'a aidée, ma chère!

(*Questions:* French, page 85; English, page 109)

12 UN DON JUAN

On a bien des regrets quand son enfant n'est plus petit. A l'âge de huit ans, l'âge des genoux sales, notre fils Paul ne nous obéissait pas toujours, mais il comptait sur nous et nous essayions de le protéger. Le matin je lui disais de se laver les oreilles, les dents et le cou, et il me répondait: "Mais, maman, je me suis lavé hier soir!" Il restait au plus trois minutes dans la salle de bains.

Les jours de l'adolescence aussi sont difficiles. Maintenant à l'âge de dix-huit ans Paul est un jeune homme soigné et raffiné, un véritable don Juan. Levé de bonne heure, il passe une heure et quart dans la salle de bains. Tous les matins il prend une douche et toutes les semaines il s'achète une nouvelle brosse à dents et de la pâte dentifrice. Son oncle lui a acheté un rasoir électrique et il se rase chaque jour. Ses mains sont soignées et ses ongles courts; il est tout le temps bien peigné. Sa tenue est impeccable. Ses chaussettes sont assez longues, et ses chaussures ne sont jamais poussiéreuses, car il les cire tous les jours. Sa chemise, il ne la garde jamais plus de deux jours. Le matin, quand Paul reste trop longtemps dans la salle de bains, papa devient furieux.

Hier j'ai invité une jeune amie de Paul à venir dîner vers sept heures et demie. A six heures Paul est monté à la salle de bains. Impossible d'y entrer! Une demi-heure plus tard la porte était toujours fermée. Il était furieux. Cette fois papa mettait un temps interminable à faire sa toilette à lui! Sortant de la salle de bains vers sept heures il a annoncé:

— A toi le tour maintenant, Paul. J'ai dû me faire beau pour recevoir ton amie.

Moi, la mère, je n'avais pas encore quitté la cuisine. J'avais toujours cru que nous avions un don Juan dans la famille, mais évidemment nous en avons deux!

(*Questions:* French, page 85; English, page 110)

13 UNE BONNE A TOUT FAIRE

Notre femme de ménage, Louise, est originaire de la Corse. Elle est chez nous depuis trois ans, mais elle garde toujours son affection pour sa belle île et surtout pour sa belle ville d'Ajaccio. Elle travaille dur mais elle a quelquefois de ces fantaisies inimaginables. L'autre jour pour m'amuser je l'ai appelée affectueusement Colomba, et un peu plus tard je l'ai entendue raconter au plus petit de nos trois fils l'histoire de cette héroïne de roman. Heureusement que notre fille Marie n'était pas là, car elle encourage toujours Louise dans ses récits exagérés. Moi-même, j'ai failli être convaincue quand elle m'a montré un arbre généalogique en disant que sa famille remontait à Napoléon Bonaparte.

Louise est têtue et elle a l'esprit un peu borné. Elle aime mieux par exemple qu'on l'appelle une bonne à tout faire qu'une femme de ménage. Elle trouve que cela fait bon genre: elle se croit intelligente et habile à faire toutes les tâches ménagères. Quand je pense à tous les vases qu'elle a fait tomber, à tous les plats qu'elle a ratés, aux invités envers qui elle s'est montrée impolie, je crois qu'il vaudrait mieux avoir une simple femme de ménage.

Chaque fois que Louise a une crise de nerfs, notre fils aîné, qui se plaît à lire des livres d'histoire, me dit qu'elle devrait s'appeler Joséphine, car elle semble tout le temps vouloir imiter l'impératrice et poursuivre les guerres napoléoniennes contre les Anglais. Je suis d'habitude de nature calme et patiente, mais, je vous le promets, un de ces jours Louise aussi connaîtra son Waterloo.

(*Questions:* French, page 86; English, page 110)

14 ÉLECTRICIEN OU PLOMBIER

Ma sœur Claire et son mari Jules ont acheté une vieille maison
à la campagne. Les chambres n'ont pas tout le confort moderne,
mais l'éclairage est à l'électricité et dans la cuisine il y a même
une cuisinière électrique, un réfrigérateur, une machine à laver et
un aspirateur. Il faut dire cependant que ces appareils ne fonctionnent pas tout le temps et que la question du chauffage central
est toujours à résoudre: à ce moment l'unique moyen de se
protéger contre les courants d'air, c'est de s'envelopper d'un
manteau de fourrure et de porter en plus un cache-nez et des
bottes de caoutchouc.

La maison se trouve à deux milles d'un village, et malheureusement Jules n'a pas le sens pratique: il sait à peine planter un
clou et ne comprend pas les commutateurs, les prises de courant,
les fusibles et les ampoules. Après la dernière panne d'éclairage,
Claire a téléphoné tout de suite à l'électricien, un certain Henri
Lefèvre. Celui-ci vient de finir son apprentissage mais, chose
étonnante, tout en étant un bricoleur excellent, il n'arrive pas
à comprendre l'électricité. Le travail d'un plombier, d'un peintre
décorateur, d'un menuisier ou d'un serrurier, il le fait à merveille
mais quand il s'agit d'une panne d'électricité Henri n'y peut rien.

Cette fois la machine à laver ne marchait pas et il y avait une
panne d'éclairage dans la cuisine. Henri a remplacé un fusible.
Deux minutes plus tard il y a eu une panne d'électricité partout
dans la maison. Claire était furieuse, mais Jules, tout en lisant
son roman policier à la lumière d'une bougie, a déclaré:

— Chérie, si c'est l'électricien qui sait réparer les conduites
d'eau, évidemment c'est au plombier que tu dois téléphoner pour
les petits travaux électriques!

(*Questions:* French, page 86; English, page 110)

15 UN CHEZ-SOI

Charles et Françoise Dubois habitaient depuis cinq ans un petit appartement meublé pas très loin de l'université où Charles était professeur. Ils payaient un loyer exorbitant et ne pouvaient faire que des économies modestes.

Un jour Françoise a pris une résolution.

— Charles, a-t-elle dit, je ne peux plus demeurer dans cet appartement. On est au troisième étage et l'ascenseur est presque toujours en panne. Le salon est grand comme un mouchoir de poche et la cuisine est encore plus petite. Nous bâtissons depuis longtemps des châteaux en Espagne. Si nous faisions bâtir une maison, même une toute petite maison mais qui serait à nous?

— Tu sais que moi je m'accommode de tout, a répondu Charles. Nous ne sommes pas mal ici. Toi, même dans un palais, tu n'aurais pas assez de place. Mais fais comme tu voudras. A ce moment je suis accablé de travail. Alors ce sera à toi de tout arranger.

Françoise est très pratique et elle a fait tout le nécessaire. Elle a consulté un architecte et un entrepreneur. Elle a parlé avec les maçons à propos de sable, de ciment, de tuiles et de gouttières, et avec les menuisiers à propos de fenêtres et de volets. Elle a demandé un jardin, un garage, une cuisine spacieuse, un salon à deux fenêtres énormes. Elle a résolu les questions de l'éclairage et du chauffage central.

Dix-huit mois plus tard elle a annoncé à la grande surprise de son mari:

— Demain, c'est le jour du déménagement. Notre maison est prête et je t'y ferai cuire un dîner délicieux.

— Et les meubles? a demandé Charles. Tu les as achetés aussi?

— J'ai acheté un lit, deux chaises, et une table, a répondu sa femme. Ces meubles-là nous suffiront. C'est à toi le tour maintenant. Nous achèterons encore des meubles l'année prochaine, quand tu auras fini d'écrire ton livre et que tu recevras tes droits d'auteur.

(*Questions:* French, page 87; English, page 111)

16 UNE SALADE "GARNIE"

Un groupe scolaire mixte, arrivé de Londres, passait quinze jours à Paris pendant les grandes vacances. Les jeunes Anglais s'étaient installés dans une maison de la Cité universitaire et d'habitude ils mangeaient à midi dans le restaurant des étudiants, où ils trouvaient les repas suffisants mais pas très variés. La faute était un peu la leur: si on n'a pas le courage de goûter des plats qu'on ne connaît pas, si on s'obstine à ne manger que des pommes frites, et à ne boire que du Coca-cola ou du lait, le menu devient forcément un peu borné!

Au bout d'une semaine, un des garçons, toujours méfiant à l'égard des saucissons, des olives, des poivrons, des nouilles, et des tripes à la mode de Caen, s'est toutefois décidé à prendre de la salade. Or, tout le monde sait qu'il faut laver à grandes eaux les feuilles de laitue ou de chicorée frisée et puis les sécher avant de les mettre dans le saladier pour les assaisonner à l'huile et au vinaigre; mais le jour où Robert en a pris, une petite chenille verte s'était cramponnée si fort à une feuille qu'elle était toujours là, sur son assiette.

Une des compagnes de table de Robert, ayant aperçu la chenille juste à temps, a poussé un cri d'horreur. Robert a saisi sa fourchette, a ramassé la chenille et s'est dirigé vers une serveuse pour protester. D'abord il n'a pas su trouver les mots, mais enfin il a crié "Regardez!" La serveuse a regardé un instant sa fourchette, sur laquelle gisait la chenille . . . "Vous voulez une autre fourchette?" a-t-elle demandé.

(*Questions:* French, page 87; English, page 111)

17 UN REPAS MANQUÉ

La famille Moreau avait déjà fait du camping en France, la première fois en Savoie, dans un petit chalet, et la deuxième fois sur la Côte d'Azur, dans un camping chic.

L'année suivante Monsieur Moreau a persuadé sa famille d'aller faire du camping en Angleterre. "Tout ira bien," a-t-il dit. "Nous sommes tous des campeurs expérimentés, et cette fois nous allons emporter nos propres tentes et tout ce qu'il faut. Comme cela nous serons parfaitement libres et nous pourrons camper où cela nous plaira."

En mai la famille a passé une journée à Paris, au Salon du camping. Le lendemain de leur visite Monsieur et Madame Moreau ont acheté les tentes et un tas d'accessoires, y compris une magnifique "cuisinette" pliante contenant un réchaud à deux feux, lequel était alimenté par une bouteille de gaz. Ils ont acheté aussi un chauffe-plat très pratique et une cafetière à l'italienne; ces appareils-ci fonctionnent avec des cartouches de gaz.

Au mois de juillet la vaillante Citroën 2CH des Moreau, chargée d'un tas de matériel de camping, les a transportés à un joli endroit au bord de la Tamise. Madame Moreau n'a cessé de parler de l'excellent repas chaud qu'on allait préparer pour célébrer l'installation.

Pendant que Monsieur Moreau dressait les tentes, Marie-Thérèse a épluché les pommes de terre et lavé les haricots, et Jean-Pierre a découpé les carottes et les oignons. Leur mère, après avoir préparé quatre bons biftecks, a déplié la cuisinette et disposé, tout près, le chauffe-plat et la cafetière; puis elle a prié son mari de lui apporter la grosse boîte dans laquelle on avait mis les bouteilles et les cartouches de gaz . . .

Une demi-heure plus tard le repas a commencé, mais sur la table il n'y avait que du pain, deux boîtes de sardines et une bouteille d'eau minérale . . . Oui, on avait laissé le gaz à la maison.

(*Questions:* French, page 88; English, page 112)

18 ENTENTE CORDIALE

Quatre touristes, venus à Paris de quatre pays différents, se trouvaient un jour assis à la même table sur la terrasse d'un café. Malgré les attractions de la capitale de France chacun regrettait sa patrie.

— Qu'est-ce que ces messieurs vont prendre? demanda le garçon de café.

— Moi, je prends un whisky, répondit l'Écossais.

— Donnez-moi un demi de bière blonde, dit l'Allemand.

— Un porto blanc pour moi, dit le Portugais.

— Et pour moi un verre de vodka, fut la réponse du Russe.

— Oui, messieurs, tout de suite, dit le garçon, qui s'était rendu compte du mal du pays dont souffraient tous les quatre.

Pendant l'absence du garçon les touristes passèrent le temps à regarder les voitures qui roulaient sur la chaussée. Le café était situé près d'un carrefour important, et on voyait l'agent de police qui, monté sur sa petite estrade, réglait la circulation à coups de sifflet.

Soudain une grande automobile de marque américaine tamponna une motocyclette qui s'était arrêtée net. Mais malgré les cris et les coups de klaxon qui suivirent cet incident, et malgré les plaisanteries d'un jeune peintre spirituel qui, allant de table en table, essayait de vendre quelques-uns de ses propres tableaux, les quatre touristes restèrent muets et mélancoliques jusqu'au retour du garçon.

A la surprise de ses clients, le garçon leur avait apporté sur son plateau non seulement les consommations commandées mais aussi une bouteille de champagne.

— Vous permettez, messieurs, dit-il, que je vous offre du vin de mon pays aussi? Si on buvait à la santé des Nations unies?

(*Questions:* French, page 88; English, page 112)

19 LA PÊCHE OU LA CHASSE

Les deux frères jumeaux, Albert et André Lefèvre, sont in-
séparables. Après la mort de leurs parents ils ne quittent pas
la maison de leur enfance et Albert se marie avec une brave
bourgeoise qui, peu attrayante, lui apporte cependant une dot
considérable.

Les frères, tout en étant de bons amis, essayent tout le temps
de triompher l'un de l'autre. C'est à Henriette de faire vivre en
paix son mari et son beau-frère. Heureusement qu'elle est bonne
cuisinière et aussi diplomate.

Tous les dimanches les frères sortent, Albert pour aller à la
pêche, André pour aller à la chasse. Ils ne sont pas très habiles,
mais ils sont tous les deux fiers de leurs moindres exploits. Le
soir ils reviennent toujours en triomphe, Albert sa canne à pêche
sous le bras et une truite énorme dans son panier, André le fusil
à l'épaule et un gros lapin ou un beau lièvre dans sa gibecière.
Et l'explication? C'est grâce à Henriette qui connaît un braconnier rusé et a un petit arrangement avec cet homme: chaque
dimanche il offre en secret à Albert un gros poisson qu'il a
procuré — d'une façon peu honnête, et à André du gibier
procuré de la même façon.

Ce petit stratagème réussit très bien jusqu'au jour où un garde
champêtre arrête le braconnier. Alors pendant les six semaines
que celui-ci passe en prison les deux frères se disputent tout
le temps car ils ne peuvent plus rentrer victorieux tous les deux.
Que faire?

Henriette est débrouillarde. Elle arrive à avoir encore un petit
arrangement et cette fois elle le choisit bien: c'est avec le garde
champêtre lui-même. Dimanche prochain on verra sans doute
sur la table des Lefèvre encore une belle truite au bleu et un
civet de lièvre délicieux, et on espère qu'il n'y aura plus de
disputes.

(*Questions:* French, page 88; English, page 112)

20 L'ART

Je suis artiste, fils d'un peintre célèbre, mais autrefois quand
mon père me parlait du beau je n'y comprenais rien. Je ne
m'intéressais pas du tout à la céramique, pas même à la
porcelaine de Sèvres. Les tapisseries n'étaient pour moi qu'une
pauvre imitation de la peinture. Quant aux vitraux de la Sainte-
Chapelle, ils ne me plaisaient pas; je préférais la couleur gris
d'acier des eaux de la Seine qui coule lentement tout près.
Certainement quand j'étais étudiant je voulais apprendre à
sculpter, mais on me disait avec raison que personne ne saurait
égaler la grandeur de Michel-Ange ni celle de Rodin.

Je passais mes jours à faire des dessins humoristiques et des
caricatures d'hommes célèbres ou plutôt d'hommes qui se
croyaient célèbres. Malheureusement je n'y gagnais pas grand-
chose. Un jour j'ai décidé donc de devenir peintre comme mon
père. Qu'est-ce que j'allais faire? Une aquarelle? Non. Une
peinture à l'huile, car je croyais que cette sorte de peinture se
vendrait plus cher.

J'ai mis une toile sur le chevalet, j'ai saisi un gros pinceau
et je me suis mis au travail. Deux heures plus tard j'en avais
assez: le tableau était affreux. Je l'ai jeté par terre et je suis sorti
boire un coup. De retour j'ai trouvé le chat noir de ma voisine
étendu de tout son long sur le tableau. J'ai chassé la pauvre
bête qui était zébrée de bleu et de vert, et machinalement j'ai
remis la peinture ruinée sur le chevalet. A ce moment un ami
riche de mon père, connaisseur de l'art moderne, est arrivé.

— Je l'achète, tout de suite, votre tableau, a-t-il crié. Comment
l'avez-vous fait? C'est un exemple merveilleux de l'inconnu, de
l'abstrait, du beau!

Dès ce moment j'ai renoncé à ma carrière de caricaturiste. Je
continue à faire des tableaux incompréhensibles. De plus en
plus on me traite de peintre abstrait, et je commence déjà à
faire fortune.

(*Questions:* French, page 89; English, page 113)

21 DE LA MUSIQUE AVANT TOUTE CHOSE

Grâce à la musique de radio ou de disques, on peut faire le tour de l'Europe, pour ainsi dire, sans quitter son propre fauteuil. Il ne faut même pas écouter une chanson, distinguer des mots, des phrases d'une langue étrangère, pour se croire dans un autre pays, car il y a des instruments de musique qui créent, sans paroles, l'ambiance de leur "patrie." Il suffit d'entendre les notes de la mandoline pour s'imaginer sous le ciel bleu de l'Italie, ou celles de la cornemuse pour être transporté aux lacs brumeux de l'Écosse; le son du cor évoque les hautes montagnes, les alpes fleuries de la Suisse, et celui de l'accordéon, les bals du 14 juillet en France.

Mais il y a d'autres instruments de musique qui ressemblent à ces voyageurs qui ont franchi tant de frontières qu'ils n'ont plus l'air d'appartenir essentiellement à leur pays d'origine. Autrefois la guitare, en Europe, représentait surtout l'Espagne, mais elle est devenue aussi internationale que le saxophone ou le tambour. Certes, si on visite l'Espagne on entend la musique traditionnelle de la guitare et on reconnaît un style de jouer bien espagnol; mais aujourd'hui, même en Espagne, ce sont les guitares des "groupes" anglais, américains ou français qui dominent la radio.

Et à propos de la musique et des disques, vous avez peut-être entendu l'histoire de la Française âgée qui, se trouvant devant la célèbre statue grecque du Discobole dans le musée du Vatican, a demandé ce que faisait cet athlète. On lui a dit qu'il jetait un disque . . . "Probablement un de ces affreux disques yé-yé!" a déclaré la vieille dame.

(*Questions:* French, page 89; English, page 113)

22　LE CYCLISME

Le cyclisme est peut-être le sport national de la France. Dans les pays anglo-saxons et même sur la côte de la Méditerranée le bowling remplace parfois le jeu de boules, mais les Français continuent à parler du Tour de France avec le même enthousiasme que les Anglais d'un match de cricket ou de football.

Aussi bien que le Tour national il existe plusieurs concours régionaux et j'ai vu même un championnat entre les cyclistes de deux petites villes voisines. D'habitude à ces occasions on attend sur la place du marché l'arrivée des vainqueurs. Tête basse, ceux-ci pédalent de toutes leurs forces et y arrivent enfin à bout de souffle. On les accueille avec la même chaleur que si c'était la fin d'un rallye d'automobiles pour la Coupe des Alpes.

J'ai vu cependant dans les Basses-Pyrénées une course un peu différente. Au bout d'un trajet de vingt kilomètres la première équipe a décidé qu'il fallait absolument s'arrêter pour se rafraîchir un peu. Vers quatre heures les coureurs se sont assis sous les platanes d'un petit café-restaurant au bord de la route, et cinq minutes plus tard la deuxième équipe est arrivée et a fait de même. Vers quatre heures et demie on a donné le signal et tout le monde est reparti, cyclistes et supporters en même temps. Après avoir fait encore vingt kilomètres on a décidé de s'arrêter à un autre café, et plus tard à un troisième.

On aurait eu du mal à déclarer laquelle des deux équipes était victorieuse. Moi, j'aurais donné le maillot jaune au starter courageux, qui arrivait lui aussi à bicyclette mais toujours le dernier à chaque étape. Sans lui on n'aurait jamais eu le signal du départ. Nous autres en voiture, nous avons pu admirer le paysage, causer avec les cyclistes et boire un bon coup de vin, mais lui, le pauvre, n'a pas pu même s'asseoir un moment à l'ombre. En voilà de l'enthousiasme!

(*Questions:* French, page 89; English, page 113)

23 L'ATHLÉTISME

Toute la famille Mathurin se passionne pour l'athlétisme, mais chaque membre pour un sport différent. C'est toujours la grand-mère qui doit remplir les fonctions de l'arbitre, surtout quand il s'agit d'un match à regarder à la télévision — et, il faut le dire, la grand-mère elle-même n'est pas une personne bien normale.

Le père se croit expert dans le football et, quand il est spectateur, il offre des conseils gratuits aux avants des deux équipes. La mère ne comprend pas grand-chose au tennis, mais elle admire toujours l'héroïne de sa jeunesse, Suzanne Lenglen, et elle trouve que ce sport est le plus élégant de tous les sports.

La fille cadette, Thérèse, passe son temps à regarder des photographies de chevaux et à parler de l'équitation et du dressage. Sa sœur Lucette s'intéresse à l'escrime et à la natation: son héros des armes est d'Artagnan, et les nages qu'elle trouve les meilleures sont le crawl et la brasse sur le dos. Le fils cadet, Victor, ne cesse jamais de décrire des combats: la boxe, la lutte et le catch sont pour lui les tournois du vingtième siècle. Son vocabulaire se compose de mots tels que poids lourd, poids léger, poids plume. Le fils aîné, Stéphan, est admirateur des athlètes de la Grèce antique. Il loue le courage et la santé physique des coureurs. Il insiste sur l'entraînement nécessaire dans un gymnase même pour apprendre à faire des sauts en longueur, en hauteur ou à la perche.

On se dispute tout le temps et un jour à la fin d'une longue série de discussions la grand-mère a annoncé:

— J'en ai assez, de votre athlétisme! La vie de famille est devenue insupportable. Plus un mot! On se croirait ici dans le stade des jeux Olympiques. Mais pour bien comprendre un sport il ne suffit pas d'être spectateur. Dès maintenant personne n'a le droit de faire allusion à un sport sans l'avoir pratiqué. Alors! A vos marques! Prêts!

Et elle a tiré un coup de pistolet.

(*Questions:* French, page 90; English, page 114)

24 LES SPORTS D'HIVER

Tous les hivers je passe trois semaines dans la haute montagne
à faire du ski, du patinage et de la luge. Je demeure dans une
petite pension de famille dans un village du Jura. Je sors tous
les jours ou pour faire du ski moi-même ou pour assister à
quelque concours international.

L'alpinisme ne me dit rien, mais je trouve un plaisir incroyable
à tout ce qui concerne le sport du ski. Je me lève de bonne heure
et, chaussé de skis, je descends les pentes à soixante kilomètres
à l'heure. Malgré le soleil brillant et malgré ma casquette
norvégienne, j'ai le visage cinglé par le vent glacial.

Il faut s'entraîner sans relâche si on veut gagner un championnat, et il y a peu de gens qui y arrivent. Il est si facile de
piquer une tête dans la neige quand on fait des sauts, et si facile
de se fouler le pied si la fermeture d'un ski se déboucle. Mais on
n'oublie jamais le frisson de joie qu'on sent pendant sa première
course ou au moment de son premier saut. On se lance sur le
tremplin, on fléchit le corps, on se détend, on se projette, et
tout d'un coup on plane en l'air, le corps penché en avant.
Quelques moments plus tard on file sur la piste, et puis on
s'arrête, comme si on faisait du patinage, en décrivant une courbe
gracieuse devant les spectateurs admirateurs.

Je dis toujours que le ski est mon passe-temps favori, mais
je rentre chaque fois des vacances le corps couvert de bleus, le
pied foulé ou la jambe cassée. Peut-être qu'un de ces jours je
renoncerai aux sports d'hiver pour essayer de faire du ski
nautique — j'imagine que l'eau n'est pas si dure que la neige
glacée.

(*Questions:* French, page 90; English, page 114)

25 L'ENCHANTEMENT DU CIRQUE

Dès le jour où sa mère avait dit à Paul, âgé de huit ans, qu'elle allait l'emmener au cirque, il avait rêvé nuit et jour à toutes les attractions de ce spectacle. Son camarade Richard, fils de la voisine et plus âgé de quatre ans que Paul, lui en avait parlé: "Tu entres dans une tente énorme — on l'appelle le chapiteau. Et pour commencer tu vois le maître de manège — c'est celui qui dirige tout. Il porte un chapeau haut de forme. Au moment de la parade initiale tu entends la musique, et tous les artistes et les animaux passent dans l'arène devant toi. C'est magnifique."

Avant d'entrer dans le chapiteau Paul, accompagné de sa mère, a fait la visite de la ménagerie, où pour la première fois de sa vie il a vu de près des lions et des tigres. Et puis le spectacle a commencé.

Paul, les yeux grands ouverts, a admiré la jolie écuyère toute en paillettes, qui dansait sur le dos de son beau cheval. Il a tremblé pour les funambules qui, à l'aide d'une longue perche, se balançaient sur la corde raide, à une hauteur impressionnante au-dessus des spectateurs. Pour le rassurer, maman lui a montré le filet qui les sauverait en cas d'accident, mais il a toutefois tremblé pour eux et pour les trapézistes aussi. Puis c'était le tour des chiens costumés: tantôt montés à tricycle, tantôt en équilibre sur la balançoire, qu'ils étaient amusants!

Malgré sa visite de la ménagerie, Paul a eu peur des lions, qui, aux ordres du dompteur avec son fouet claquant, faisaient l'exercice qu'ils avaient appris. Mais à l'entrée des clowns, en pantalon bouffant et à la figure toute maquillée, il a ri aux éclats. Et quand il a tourné la tête pour regarder sa mère, il a été bien content de voir qu'elle aussi riait jusqu'aux larmes! En effet, le cirque fait la joie des grands et des petits.

(*Questions:* French, page 91; English, page 114)

26 CINÉMA OU THÉATRE

Ayant lu dans un magazine que le 28 mai serait la Fête des Mères, Catherine en a parlé à tous les membres de la famille — sauf maman, bien entendu. Aux Galeries Lafayette on avait ouvert une "Boutique Fête des Mères," et tous les enfants — c'est-à-dire Catherine et Françoise (jumelles de seize ans), Charles (quatorze ans) et Jean-Philippe (douze ans et demi) — s'y sont rendus pour acheter des cadeaux pour leur mère.

— Dis, papa, a demandé Catherine, est-ce que tu ne vas pas proposer à maman une soirée au théâtre ou au cinéma?

— Si, ma petite, a répondu Monsieur Bergerac. Et ce sera à ta mère de choisir.

Mais Madame Bergerac a dit qu'elle n'avait pas de préférence: elle aimait bien le cinéma, surtout les films à grand spectacle et les policiers, mais le théâtre la séduisait également.

Puisqu'il était entendu que toute la famille sortirait ensemble, les enfants ont discuté longuement les mérites des deux distractions. Les jumelles préféraient le théâtre: elles trouvaient qu'il était mieux de voir et d'entendre des acteurs vivants, qui étaient là, sur la scène, devant vous, que de regarder des images projetées sur un écran. Mais Charles, qui se passionnait pour les aventures et pour les voyages en espace, voulait aller au cinéma. Son frère le voulait aussi, mais lui aimait mieux les dessins animés. Finalement on a fait appel à papa pour résoudre la question.

— Pas de problème! a déclaré Monsieur Bergerac, qui venait de trouver dans le magazine de Catherine une autre date importante. On ira au théâtre le 28 mai, et au cinéma le 18 juin.

— D'accord, papa, a dit Catherine, qui avait l'habitude de porter la parole pour tous les enfants. Mais pourquoi va-t-on sortir le 18 juin aussi bien que le 28 mai?

— Pour célébrer la Fête des Pères, pardi! a exclamé papa.

(*Questions:* French, page 91; English, page 115)

27 UN PETIT MARCHÉ DE PROVENCE

J'avais décidé, lorsque je faisais des études universitaires à Aix-en-Provence, d'y rester pendant les vacances de Noël. Tous mes amis provençaux étaient si gentils avec moi: on m'invitait tous les soirs, et je n'avais pas le temps de m'ennuyer. De temps en temps j'avais cependant la nostalgie de mon pays — si seulement je pouvais revoir les montagnes et la mer que je connaissais depuis mon enfance! Je me suis dit que je devais chasser ces regrets, repousser mes carnets et mes livres de poésie française et sortir prendre l'air.

Je suis descendue à la place du marché acheter un melon, des œufs et un fromage de chèvre. Devant leurs étalages les marchands et les marchandes gesticulaient et criaient à tue-tête. Les ménagères tâtaient les fruits et examinaient les carottes et les bottes de poireaux. Il y avait des rires et des discussions à n'en plus finir. Assis sous un grand platane un jeune maraîcher vendait des chapelets d'ail et d'oignons. Juste à côté il y avait un camion d'où on déchargeait d'énormes branches de mimosa. L'air en était embaumé, et je suis restée muette devant la beauté de ces fleurs délicates. On aurait dit que le soleil était descendu sur la terre et qu'un ruisseau d'or coulait sur la place.

Mon courage retrouvé, j'ai pensé combien j'étais heureuse d'être là dans le Midi. Je suis rentrée, le cœur léger, dans ma chambre sous le toit. Comme si je faisais une action de grâce, j'ai disposé sur ma table la petite crèche et les santons que j'avais achetés la semaine dernière sur le marché de la Canebière à Marseille.

(*Questions:* French, page 91; English, page 115)

28 UN SUPERMARCHÉ

Nous avons quitté notre petite ville dans les Cévennes pour venir demeurer dans cette grande ville industrielle. J'ai été contente quand ma belle-mère, Madame Ricard, a décidé de nous accompagner, car elle est gentille et douce. Nous avons cru cependant qu'elle serait toute désorientée par le déménagement.

Autrefois elle s'amusait à passer toute la matinée à faire les courses: sans se presser elle allait de magasin en magasin. Le sac à provisions au bras, elle faisait comme le facteur, le médecin ou le curé, sa tournée de visites.

Qu'est-ce que Madame Ricard allait faire dans cette grande ville? Elle ne pouvait plus acheter ses baguettes à la boulangerie du coin. Elle ne pouvait plus discuter le prix des escalopes de veau à la boucherie. L'alimentation générale où elle avait acheté son café, son beurre, son vinaigre de vin, ses tomates, était bien loin. Mais elle savait jouir de la vie et elle s'accommodait partout.

Dans sa nouvelle ville ma belle-mère a visité seule le supermarché au bout de la rue et elle en est revenue transportée de joie.

— Quel plaisir, nous a-t-elle dit, d'avoir tout ce qu'il faut dans le même magasin. Tu peux y acheter des remèdes contre les rhumatismes, une lampe électrique ou des boîtes de conserves. Sur les étagères il y a des produits qui viennent de tous les pays du monde: saucisson d'Italie, marmelade d'Écosse, riz d'Indochine. A l'entrée tu as un gros panier ou un petit chariot et tu peux faire tes courses tout en restant au chaud. Malheureusement il faut payer à la caisse avant de sortir.

Ma belle-mère s'accoutume vite à cette nouvelle vie: elle continue à passer toute la matinée à faire ses courses, mais dans un seul magasin, le supermarché, et elle y dépense le double de ce qu'elle dépensait autrefois.

(*Questions:* French, page 92; English, page 115)

29 CHEZ LE DENTISTE

Monsieur et Madame Dupont avaient un fils appelé Alain.
Enfant unique et âgé de sept ans, Alain était devenu la terreur
de la famille. Avec ses attaques de nerfs, ses crises de larmes,
les scènes abominables qu'il faisait, il était vraiment insupportable. Ses parents cependant n'avaient plus le courage de le
corriger.

Trois jours avant la Noël, le malheureux enfant, réveillé à
deux heures du matin par un mal de dents affreux, se mit
à pleurer. Ses parents, habitués à ses "manières," ne firent pas
attention à ses plaintes, mais plusieurs minutes plus tard il
commença à hurler si fort qu'il allait réveiller tous les voisins.
Madame Dupont, au désespoir, dit enfin à son mari qu'il fallait
emmener Alain chez le dentiste.

— A cette heure de la nuit? Tu es donc folle? s'écria Monsieur
Dupont.

Mais sa femme, à bout de forces, insista. Pendant qu'elle
s'habillait à la hâte, son mari téléphona pour faire venir un taxi.
Alain, sanglotant dans son mouchoir, fut enveloppé dans une
couverture. Son père, toujours en pyjama mais avec un pantalon
et un blouson dessus, le porta dans ses bras jusqu'à la porte
d'entrée, devant laquelle le taxi était déjà arrivé . . .

Furieux d'avoir été dérangé ainsi en pleine nuit, le dentiste
consentit toutefois à arracher la dent cariée. Il dit à Alain d'être
raisonnable et de rester tranquille. A la grande surprise de ses
parents, Alain se calma tout de suite et quelques minutes plus
tard il entra dans le cabinet du dentiste.

Un profond silence régnait partout. Assis dans l'antichambre,
Monsieur et Madame Dupont attendaient . . . Puis, soudain,
un hurlement terrifiant se fit entendre.

— Mon Dieu, il recommence! s'exclama Monsieur Dupont, et
il courut ouvrir la porte du cabinet. Mais il constata vite que
ce n'était pas Alain qui avait hurlé. C'était le dentiste. Alain lui
avait mordu le doigt.

(*Questions:* French, page 92; English, page 116)

30   UN INCENDIE

Réveillé en pleine nuit, Monsieur Fallet sentait une chaleur peu naturelle et à travers les persiennes mi-closes de la fenêtre il voyait une lueur rougeâtre. Il a sauté à bas du lit pour se précipiter vers la fenêtre: le feu était à la boulangerie située de l'autre côté de la rue. Les flammes et les étincelles qui en sortaient menaçaient tous les bâtiments de cette petite rue étroite. Criant comme un fou, Monsieur Fallet a frappé et a sonné à la porte de tous les autres appartements, de sorte que l'immeuble entier était bientôt en rumeur.

On a prévenu deux corps de sapeurs-pompiers, ces hommes courageux qui, sur un appel d'urgence, se rendent immédiatement au lieu de l'incendie. Plusieurs pompiers ont tenté d'éteindre le feu, tandis que d'autres ont cherché à devancer sa marche. Une partie du toit de l'immeuble où habitait Monsieur Fallet flambait déjà, mais on a sauvé au moyen de la grande échelle les habitants des étages supérieurs. Les jets d'eau qui jaillissaient des tuyaux des pompes trempaient les toits et les murailles. Des volets et des portes claquaient. De temps à autre on entendait dans la boulangerie le craquement d'une poutre qui tombait accompagnée d'une pluie d'étincelles.

A l'aube plus rien ne brûlait et les habitants des appartements sont rentrés chez eux. La vieille voisine de Monsieur Fallet est venue le voir, une cage à la main.

— C'est un miracle, a-t-elle dit, en lui montrant son petit oiseau jaune. Vous savez que les serins supportent mal la fumée, mais le mien, il vit toujours!

(*Questions:* French, page 93; English, page 116)

31 DES EXCUSES DE DIPLOMATE

Ma petite fille, Chantal, a une façon à elle de faire ses excuses. Elle ne ment jamais et elle n'est guère désobéissante. Cependant elle n'est pas toujours sage: elle ne prend pas quelquefois le temps de réfléchir et alors elle est vraiment étourdie. Naturellement je la gronde, mais j'ai souvent de la peine à m'empêcher de rire quand elle vient me raconter sa dernière bêtise.

L'autre jour elle est entrée dans ma chambre pour faire des excuses et elle m'a demandé:

— Qu'est-ce que tu dirais, maman, si j'avais cassé le vase que papa t'a rapporté de la Chine?

— L'as-tu cassé, petite?

— Mais non, maman, a-t-elle répondu.

Quelques moments plus tard elle a repris:

— Et si j'avais fait tomber de l'encre sur ton beau tapis de Perse?

J'ai dit d'un ton vexé:

— Je viens voir. Tu devrais faire attention, Chantal.

— Je ne l'ai pas fait, maman, a-t-elle continué. Mais je suis allée à la cuisine chercher un verre de limonade et Tigui y est allé aussi . . . et le bol de crème était sur la table. Tigui a sauté sur la table . . . et les chats, tu sais, adorent la crème. Tigui n'a pas cassé le bol, maman — mais il n'y a plus de crème!

Après son long récit de toutes les méchancetés et de tous les crimes possibles, ce qu'elle vient de faire elle-même ou ce que son petit chat vient de faire est toujours insignifiant. J'essaie en vain de me fâcher un peu, mais enfin j'éclate de rire, et nous nous embrassons — tout est bien qui finit bien! J'aurais bien voulu avoir la même intelligence et la même diplomatie quand j'étais petite.

(*Questions:* French, page 93; English, page 116)

32 AU BUREAU DE POSTE

En visite pour la première fois chez une famille française, ma cousine Jo désirait expédier un télégramme à son frère David en Angleterre. La mère de la famille, un peu choquée, lui a expliqué que cela coûterait très cher, mais Jo n'a pas voulu renoncer à son idée. Son frère venait d'être reçu après avoir passé un examen très difficile et Jo avait décidé de lui envoyer ses félicitations.

Jo s'est rendue au bureau de poste, et là elle a constaté que le service postal ne diffère guère d'un pays à l'autre. A Paris aussi bien qu'à Londres on trie le courrier; on recommande les lettres importantes; on pèse les paquets et les colis; on distribue des timbres et des coupons-réponse internationaux.

Grâce à un jeune employé sympathique, qui tenait à parler anglais, Jo aurait pu expédier son télégramme sans difficulté, mais à la dernière minute elle a oublié l'adresse actuelle de son frère, qui était parti en vacances. Ne sachant que faire, elle a balbutié ses excuses. Elle est sortie à la hâte, laissant sur le comptoir le beau stylo neuf que lui avait donné son père avant son départ pour la France.

Jo est rentrée tout de suite chez ses amis, et elle ne s'est rendu compte de sa perte que trois heures plus tard. Elle est retournée à la poste mais naturellement le stylo n'était plus là. Puis elle a cherché l'employé qui l'avait aidé avec le télégramme, mais lui aussi avait disparu.

Déçue et découragée elle se dirigeait lentement vers la porte quand quelqu'un lui a adressé la parole. C'était son ami l'employé qui, souriant, lui tendait son stylo. "C'est à vous, n'est-ce pas, mademoiselle?" a-t-il dit.

(*Questions:* French, page 93; English, page 117)

33 LES ANIMAUX ABANDONNÉS

Les gens qui ont des chiens ou des chats n'ont pas le droit de les abandonner quand ces pauvres bêtes les gênent. C'est surtout en été, pendant les mois de juillet et d'août, qu'on voit ces bêtes qui errent dans les rues des grandes villes. On part en vacances, on sait que dans beaucoup d'hôtels les animaux ne sont pas admis, alors on s'en va sans eux. A Paris il y a des centaines de chiens et de chats, qui, n'ayant plus de maître, s'élancent follement sur la chaussée, entre les voitures, et qui, en causant des accidents de rue, se font mal ou se font tuer. Il y en a d'autres qui meurent de faim. A Londres c'est à peu près la même histoire.

Les chats, grâce à leur intelligence, à leur indépendance, et au cœur tendre des vieilles dames qui leur offrent un bol de lait ou les restes d'un repas, survivent plus facilement que les chiens. Les chiens, moins intelligents, plus dévoués à leurs faux amis, et complètement dépendants, ne savent pas se débrouiller. Une mort presque certaine attend la plupart des chiens abandonnés, malgré les efforts que font les membres des sociétés protectrices (en Angleterre la R.S.P.C.A., en France la S.P.A.) pour les sauver.

Il y a des pensions de chiens ou de chats de toutes les catégories, même d'un luxe exagéré: j'ai entendu parler d'une de ces pensions où chaque animal a sa maison particulière, son propre jardinet, son menu spécial; de plus, à l'heure de dormir, on diffuse de la musique douce à tous les "clients." Et cela coûte énormément. Mais il existe aussi des foyers d'animaux moins coûteux et où les pensionnaires sont tout de même bien nourris, bien logés, bien soignés.

Si on est assez riche pour partir en vacances, on a les moyens de payer les vacances de son chien ou de son chat, n'est-ce pas?

(*Questions:* French, page 94; English, page 117)

34 LES JEUNES GENS

On nous dit que les jeunes gens s'ennuient tout en croyant qu'ils n'ont pas assez de temps libre, mais qu'est-ce qu'ils font de leurs vacances, de leurs jeudis, de leurs dimanches? Ils les passent bien souvent assis dans un fauteuil ou étendus sur un divan à écouter des disques, à regarder un match à la télévision, ou à critiquer les amis absents ou les parents caducs.

Exaspéré, Monsieur Grenelle dit un jour à ses enfants:

— Eh bien, David! Tu te passionnes pour la musique. Tu passes des heures à écouter des disques. A la longue, c'est monotone, n'est-ce pas? Si seulement pour ta satisfaction personnelle tu apprenais à jouer du piano ou d'un autre instrument de musique? Et toi, Christine, tu es tellement gourmande, pourquoi ne pas apprendre à faire la cuisine? Ta mère a un excellent livre de cuisine. Tu n'as qu'à choisir d'abord les recettes les moins compliquées, et je suis sûr que tu les réussiras.

Les deux enfants, pleins de bonne volonté, font de leur mieux pour mettre en pratique les conseils de leur père. Tous les dimanches matin la famille est assourdie lorsque David essaye de jouer d'une guitare électrique; les parents et même le chat se réfugient dans le jardin. Tous les dimanches soir il faut attendre jusqu'à neuf heures pour dîner, car Christine n'apprend que lentement; de plus on a souvent des menus un peu surprenants; David et ses parents s'accoutument à manger quelque chose en cachette avant ou après le dîner.

On se demande actuellement s'il ne vaudrait pas mieux proposer à David de se mettre à écrire un roman et à Christine d'apprendre à coudre. Ils n'y feraient peut-être pas plus de progrès qu'ils n'en ont fait à la guitare et à la cuisine, mais en tout cas les nerfs et la digestion du reste de la famille souffriraient moins.

(*Questions:* French, page 94; English, page 117)

35 SUR L'EAU

Trois frères, qui aimaient faire du canotage, passaient la journée au lac. Il faisait très chaud sur le rivage ensoleillé. Les garçons décidèrent donc de chercher la fraîcheur de l'ombre sous les grands pins qui couvraient un îlot qu'ils connaissaient et qui était à quatre kilomètres de là. Martin et Roger louèrent un petit bateau à rames, et Jérôme, le plus jeune mais de caractère indépendant, choisit une périssoire. Celle-ci est une embarcation peu stable; longue et étroite, elle est manœuvrée à la pagaie, et il n'y a de la place dedans que pour une seule personne.

Qu'il était agréable, par cette belle après-midi, de se trouver sur l'eau! Sans se presser, Martin ramait tandis que Roger tenait le gouvernail. Les deux frères parlaient peu. Ils contemplaient la surface de l'eau étincelante, et de temps en temps ils levaient les yeux vers les montagnes rocheuses qui entouraient le grand lac, et dont les plus hauts pics étaient couverts de neige. Assis dans sa périssoire, Jérôme pagayait avec des mouvements rythmés et réguliers. Les gouttes d'eau qui tombaient de sa pagaie scintillaient au soleil.

Mais Roger, bercé par le balancement léger du bateau, s'endormit et lâcha tout d'un coup le gouvernail. Martin poussa un cri. Roger se réveilla en sursaut et ressaisit le gouvernail avec une telle violence que le bateau changea de direction et heurta la périssoire . . .

Puisque vous savez que la périssoire est une embarcation peu stable, vous allez deviner sans difficulté la suite de cette histoire . . . Heureusement que Jérôme nage comme un poisson.

(*Questions:* French, page 95; English, page 118)

36 NUL N'EST PROPHÈTE DANS SON PAYS

Après avoir fini mes études au lycée Victor Duruy, j'ai adopté
la carrière de mon père, celle de banquier. Depuis mon mariage
je travaille comme employé de banque dans une succursale de la
Société Générale tout près de notre appartement à Paris.

J'ai toujours eu la réputation d'être un homme sérieux sans
aucune idée extraordinaire. Mais l'année dernière à la grande
surprise de ma femme j'ai annoncé:

— Chérie, je vais devenir auteur. J'écrirai un roman, un roman
policier. La chambre de débarras sera mon cabinet de travail.
Notre train de vie dépend de mon poste de banquier; ma gloire
reposera sur mes romans.

— Mais, François, a-t-elle répondu, tu es ridicule. Tu sais
que les commis, les fonctionnaires, les banquiers manquent
toujours d'imagination!

Le lendemain je me suis mis à la tâche et tous les dimanches
j'ai passé trois ou quatre heures à inventer des personnages, à
griffonner des phrases. Le trente mars j'avais presque fini mon
chef-d'œuvre, et je calculais déjà les chèques que j'allais recevoir.
Vers dix heures du matin je suis descendu passer une heure à
faire du jardinage. Ma femme, qui a la manie de l'ordre, a profité
de l'occasion pour faire un grand nettoyage dans mon cabinet.

Une fois rentré j'ai trouvé à ma grande horreur qu'il n'y avait
plus rien sur mon bureau. Où était mon manuscrit précieux?
J'ai crié de toutes mes forces:

— Mais, qu'est-ce que tu as fait, Simone, de mes papiers?

— Tu ne ranges jamais tes affaires, François, a-t-elle répondu.
Si tu parles de ces paperasses que tu as laissées sur ton bureau,
je viens de les mettre dans le fourneau! Ce n'étaient que de
brouillons illisibles.

On dit bien que nul n'est prophète dans son pays. Je me suis
consolé de la perte de mon chef-d'œuvre en me disant que les
génies restent souvent méconnus!

(*Questions:* French, page 95; English, page 118)

II Passages: Deuxième Année

37 UN SÉJOUR EN PROVENCE

L'année dernière Monique et son amie Jeanne ont décidé de passer leurs vacances d'été dans le Midi. Une de leurs amies leur a offert une petite villa à Aix-en-Provence. L'amie, qui s'appelait Madame Leroux, est partie à la montagne, accompagnée de ses deux filles, car elle ne supporte pas bien la chaleur de cette saison à Aix.

Derrière la villa il y avait un beau jardin pas très bien entretenu mais protégé contre le mistral par une haie de cyprès. Dans le jardin il y avait quatre pêchers, deux abricotiers et un figuier. C'était un plaisir incroyable de manger les fruits fraîchement cueillis sous le soleil de Provence.

Des fenêtres du premier étage on voyait au loin le mont Sainte-Victoire. Plus près, la terre rouge du pays contrastait avec le vert poussiéreux des oliviers. Les coteaux ensoleillés sentaient le thym, le romarin et la lavande. On entendait les cigales chanter dans les arbres de l'avenue et les petites grenouilles coasser près des bassins.

Le soir les deux amies s'asseyaient sur une terrasse de café à l'ombre des platanes du Cours Mirabeau. Elles y prenaient un verre de muscat, une tasse de café ou un citron pressé et écoutaient le bruit doux et paisible des fontaines. Elles admiraient les sculptures des vieux hôtels et les balcons au fer forgé du dix-septième siècle.

L'habitant principal de la villa est resté avec les amies: un petit chat gris qui s'appelait Agathon. Le temps était si beau que Monique lui donnait à manger dans le jardin près de la porte de la cuisine. Le premier jour Agathon a mangé tout seul; le lendemain une des amies d'Agathon est venue partager son repas; l'après-demain une deuxième amie est arrivée. Peu à peu il a fallu augmenter sa ration. Vers la fin du séjour on faisait bon accueil à une douzaine de chats. Monique et Jeanne ont quitté Aix avant le retour de Madame Leroux. Heureusement que celle-ci aime les bêtes!

(*Questions:* French, page 96; English, page 119)

38 UN VOYAGE DE NUIT

Les vacances terminées, Émile et Jules s'étaient rendus à la gare
pour commencer leur voyage de retour en Normandie. Entouré
de leurs bagages, Jules attendait son frère. Une voix rauque
annonçait que le train à l'arrêt au quai 3 était celui de 18h 15 en
direction de Paris. Émile n'était pas encore revenu du guichet,
mais à ce moment il reparut, tirant un chariot de porteur.

Sur le quai on criait, on se bousculait. Avec ses wagons-lits,
ses wagons-couchettes et son wagon-restaurant, le train était
d'une longueur incroyable. Enfin les garçons trouvèrent des
places libres et entassèrent leurs affaires dans le filet.

Assis en face de Jules, un vieillard gardait sur ses genoux un
sac à fermeture éclair. De temps en temps il l'ouvrait un peu,
sans laisser voir ce qu'il y avait dedans. Une heure après le
départ on entendit une sonnette dans le couloir et une voix qui
criait: "Premier service! Premier service!" Les autres voyageurs
— des Américains — quittèrent le compartiment pour aller dîner.

Vers dix heures, le rapide s'arrêta dans la gare d'une grande
ville. Le vieillard fourra son sac sous la banquette et ne le
ressortit qu'après la visite du contrôleur. Puis il l'ouvrit tout
grand, et, à la surprise de tout le monde, un petit chien blanc
leva la tête pour faire la connaissance de ses compagnons de
voyage. Après cela on put dormir un peu . . .

Soudain, en pleine nuit, on entendit le grincement de roues
qui précède un arrêt inattendu. Au bout d'une heure d'attente,
on découvrit qu'un soldat en permission, et qui avait trop bu,
s'était trompé de train. Tout d'un coup il s'en était rendu compte
et, furieux, il s'était servi de la sonnette d'alarme pour arrêter
le rapide qui le transportait loin de chez lui.

Émile et Jules étaient aussi furieux que le soldat: à cause de
ce délai, le train du Havre qu'ils devaient prendre à Paris
partirait sans eux.

(*Questions:* French, page 96; English, page 119)

39 NOTRE HÉRITAGE

Toute jeune j'ai passé bien des heures à étudier l'architecture française, et je m'intéresse toujours aux églises gothiques et aux châteaux du Moyen Age et de la Renaissance. Malheureusement mon fils Raoul, âgé de quatorze ans, ne s'y intéresse pas de la même façon; et pour mon mari, qui est banquier, le bâtiment le plus important, c'est la Bourse.

L'année dernière nous avons fait plusieurs excursions dans la vallée de la Loire. Nous avons visité le château de Chambord, le plus grand des châteaux: là j'ai parlé à Raoul des parties de chasse de Louis XIV et des comédies de Molière, qui y a écrit *Le Bourgeois Gentilhomme*. Ensuite nous sommes allés à Chenonceaux voir le château magnifique construit au milieu du Cher — toujours pas de réaction de mon fils! Puis nous sommes allés jusqu'à Loches, où le château est d'aspect sinistre: cette fois Raoul a admiré les vieux canons, mais il n'a pas voulu voir le spectacle "Son et lumière." Ensuite nous avons salué en passant le ravissant château d'Azay-le-Rideau, mon château favori, mais Raoul n'y a même pas jeté un coup d'œil. Puis au château de Chinon le guide nous a raconté la première conversation de Jeanne d'Arc avec Charles VII, mais Raoul a été impatient d'aller visiter l'école de cavalerie à Saumur.

Ce soir-là Raoul s'est couché tard et le lendemain il m'a raconté le rêve effrayant qu'il avait fait. Il avait rêvé qu'il visitait de nouveau le château de Chambord. En bas des deux escaliers en spirale il y avait deux Américains qui tenaient des affiches: "Défense d'entrer." Ceux-ci avaient acheté le château et allaient le faire transporter aux États-Unis.

Peut-être que Raoul souffrait d'une indigestion intellectuelle, d'une indigestion d'architecture à trop fortes doses. Je me dis aussi qu'on n'apprécie pas les beaux-arts à l'âge de quatorze ans. Mais à la vérité je crois que Raoul tient de son père, qui s'intéresse plutôt aux questions financières qu'à la beauté de notre héritage.

(*Questions:* French, page 97; English, page 120)

40 AU JARDIN ZOOLOGIQUE

C'était l'hiver. Depuis trois semaines on ne voyait plus le soleil. Les arbres du jardin zoologique étaient nus; les parterres sans fleurs avaient l'air morne. Il faisait si froid que les allées du jardin étaient presque désertes. Mais près d'un bassin quelques canards se promenaient toujours à la file indienne sur la légère couche de neige. Le petit Gérard, qui avait le cœur tendre, les regardait plein de pitié.

Gérard était venu au zoo avec son père, et il avait déjà vu tant d'animaux exotiques qu'il commençait à s'ennuyer. Il avait fait la connaissance des lions rugissants et des hippopotames aux petits yeux rouges. Il avait admiré les grandes girafes à la peau mouchetée. Il aurait bien voulu monter sur le dos des chameaux aux bosses énormes. Il avait trouvé très drôles les ours bruns qui faisaient le beau. Il avait ri des grimaces des singes. Mais le père de Gérard était professeur et il avait profité de l'occasion pour faire à son jeune fils une longue leçon de zoologie.

Le pauvre Gérard avait réussi à s'échapper, et le voilà tout seul avec les canards. Il se demandait ce qu'il devait faire pour chauffer ces oiseaux qui étaient sans doute aussi frileux que lui. S'il faisait du feu?

C'était un enfant débrouillard. Vite il courut vers les arbres pour ramasser du bois sec et des feuilles mortes. Après les avoir rapportés pour les entasser près du bassin, il se rendit compte qu'il n'avait pas d'allumettes. Il ne savait plus que faire. A ce moment il aperçut son père qui le cherchait.

— Papa! s'écria-t-il. Prête-moi ton briquet!

(*Questions:* French, page 97; English, page 120)

41 LA MODE

Est-ce qu'on crée la mode ou est-ce qu'on la suit? Les grands couturiers croient que ce sont eux qui la créent et, si la mode est assez extravagante, tout le monde la suit. Mais en effet rien n'est nouveau sous le soleil et les costumes d'aujourd'hui ne sont ni plus ni moins exagérés que les costumes que portaient les parents quand ils étaient jeunes.

Les jeunes filles veulent toujours imiter leurs frères, et actuellement le tailleur-pantalon en flanelle ou en gabardine c'est la tenue des week-ends. Par contre les garçons ont quitté la flanelle grise pour des chevrons sobres. Quelquefois pour attirer l'attention un garçon porte un pantalon tube sans revers, une veste redingote, un gilet croisé et même un jabot de dentelle blanche. Les pantalons des garçons sont certainement étroits et surtout bien longs. Mais chez les filles les jambes se rallongent: presque toutes les hauteurs de jupes sont permises. Il faut tout simplement regarder ses jambes et ses genoux, penser aux spectateurs et puis faire son ourlet en conséquence. L'essentiel est dans la couleur: on porte des bas vert pâle, une blouse rouge et orange, des chaussures roses ornées de dessins géométriques et à talons plats — et si on a le courage les accessoires sont assortis: des plumes d'autruche, des ceintures de cuivre, des boutons d'aluminium.

A la vérité plus ça change plus c'est la même chose. Qui sait? Un de ces jours on ressuscitera peut-être les costumes de l'âge de pierre. Heureusement qu'on accepte toutes sortes de silhouettes, imaginables et inimaginables! On n'a que l'embarras du choix.

(*Questions:* French, page 97; English, page 120)

42 LA CONQUÊTE DE L'ESPACE

J'ai entendu l'autre jour l'histoire d'un petit garçon qui discutai
sa carrière future avec son père.

— Alors, Jean-Claude, a dit le père, qu'est-ce que tu veux
faire plus tard?

— Je veux être cosmonaute, papa, a répondu le fils.

— Tu es sûr d'avoir la vocation?

— Mais oui, papa. A l'école on me dit toujours que je sui
dans la lune.

Ce sont surtout les aventures des cosmonautes qui séduisen
tant de jeunes garçons, et quand on pense aux progrès scien-
tifiques d'aujourd'hui on peut facilement se croire dans ur
nouveau monde. A la radio et dans les journaux on parle d
fusées, de lancements, de satellites, d'astronautes et de voyage
interplanétaires. Au cinéma et à la télévision les histoires son
adaptées à l'âge scientifique: on y voit des stations spatiales, de
héros intrépides avec leurs hélicoptères de poche, des inventeur
de médicaments capables de redonner de la mémoire à ceux qu
ont une tête de linotte. Mais il y a aussi d'autres programme
de recherche sérieuse. Dans les centres hydrobiologiques o
étudie l'exploitation des océans. Dans les observatoires on s
sert de télescopes géants pour faire des photographies d'astre
lointains. Dans les centres d'énergie atomique des piles nucléaire
fournissent de l'énergie électrique. Il y a tout un nouveau
vocabulaire à apprendre.

La recherche scientifique médicale est peut-être la plus importante, car elle a pour but d'améliorer les conditions de vi
de l'homme, de prévenir la maladie et de perfectionner les moyen
de traitement. Mais on a quelquefois l'impression qu'on fai
tant de recherches afin de comprendre l'univers qu'on n'a pa
le temps de comprendre les hommes, et qu'on pense trop souven
à l'existence sur la lune et pas assez à la vie sur notre planète
Si on a la tête dans les nues il faut quand même avoir les pied
bien plantés sur la terre. Certainement on n'a pas encore fai
assez de recherches pour nous indiquer la façon de vivre ensembl
heureux et en paix.

(*Questions:* French, page 98; English, page 121)

43 UN FESTIN

Jean Lenoir demeure dans une petite ville qui est située dans la vallée de la Loire. Un jour il a invité à déjeuner sa jeune fiancée, Geneviève. Il lui avait sans cesse loué la bonne cuisine de sa mère. Geneviève avait peur de ne pas savoir le contenter après leur mariage, mais elle s'est résolue à faire de son mieux pour bien apprécier les efforts culinaires de sa future belle-mère.

Après un apéritif pour mettre toute la famille en appétit Madame Lenoir a servi des hors-d'œuvre variés, mais d'une variété incroyable. Geneviève a ouvert de grands yeux et a admiré les radis au beurre, les asperges à la mayonnaise, le caviar russe, les olives vertes, le pâté de foie gras en terrine, le saucisson à l'ail, les rillettes de Tours. Ensuite Madame Lenoir a apporté le coq-au-vin, spécialité de la maison, à ce qu'on disait, et qui avait son fumet particulier de Beaujolais et d'eau-de-vie.

— Mais alors, a dit Geneviève, c'est un véritable banquet!

On a mangé ensuite des plats de légumes suivis de fromages de toutes sortes. Enfin il est arrivé une magnifique bombe glacée en forme de melon vert. A l'intérieur il y avait un sorbet rose. Geneviève a déclaré:

— Vous êtes, madame, un cordon bleu!

Mais quand elle a commencé à manger la glace, les mots lui ont manqué; elle ne savait que dire, car la mère, en voulant y mettre du sucre, y avait mis du sel.

(*Questions:* French, page 98; English, page 121)

44 L'ALPINISME

Il y a douze ans, un alpiniste suisse est devenu un des plu
célèbres grimpeurs du monde. Il a plusieurs fois tenté, e
solitaire, des escalades difficiles, que d'autres gens n'auraien
tentées qu'en équipe. Il ne se sentait jamais en meilleure form
qu'en escaladant tout seul la face de quelque pic insurmontable
On aurait dit un vrai chamois, ou plutôt, quand on pense à s
taille énorme et à ses cheveux trop longs, un "saint-bernar
grimpant."

Il a toujours fait preuve d'un courage admirable et a gagné un
réputation mondiale en tant que guide dans la haute montagn
Il a participé au sauvetage de plus de vingt alpinistes accidentés
Une seule fois, cependant, il n'a pas réussi. Le vent sifflait for
et il fallait lutter contre les éléments et contre la montagn
elle-même. Il a essayé en vain d'atteindre deux Américains coincé
sur une étroite plate-forme au milieu de la face ouest de l'Aiguill
du Dru. En traversant un glacier il est tombé dans une crevass
profonde et y est resté toute la nuit. Plus tard les Américain
ont été descendus sains et saufs par une équipe allemande. Un
autre fois il a fait une glissade d'une centaine de mètres, et o
a dû le transporter à l'hôpital, car il avait reçu des blessure
à la tête et aux jambes.

Il y a des gens qui ne comprennent pas la hardiesse d'un te
homme. Mais on ne s'assagit pas nécessairement à mesure qu'o
vieillit. Il a toujours continué à faire des escalades. Malheureuse
ment, au mois de juillet, on a dû l'arrêter et le conduire en prison
il avait fait une escalade de trop — l'escalade de la grille d'u
château, afin de voler quelques-uns des tableaux qu'on y exposai

(*Questions:* French, page 98; English, page 121)

45 LE PARACHUTISME SPORTIF

C'est au Centre national de Biscarrosse, tout près de l'Atlantique, que se tient le championnat de France du parachutisme sportif. Ce sport moderne a en France des milliers de pratiquants passionnés, qui se réunissent chaque fin de semaine à leurs clubs. En 1967 on a télévisé, en couleurs et en direct, une réunion de parachutistes à Biscarrosse, et cette émission a été fort impressionnante. Pour la première fois on a attaché une caméra à la personne d'un parachutiste; les téléspectateurs ont donc vu, depuis le moment de son départ en chute libre jusqu'au moment d'atterrissage, tout ce qu'a vu le "chuteur" lui-même.

Pour devenir chuteur il faut apprendre beaucoup de choses: la position de départ; les positions en chute libre avant l'ouverture du parachute et après; la position au moment qui précède l'atterrissage, et puis la flexion des jambes, la rotation du corps et l'arrondissement du dos qui permettent au parachutiste de s'arrêter finalement sans se faire du mal. Les débutants, avant de monter en avion, peuvent s'entraîner au moyen d'un plancher fixé à un arbre; l'élève saute soutenu par un harnais semblable au harnais du parachute.

Des deux parachutes dont tout parachutiste est équipé, c'est seulement le plus grand qui est utilisé normalement, celui qu'on appelle le dorsal. Si par malheur celui-ci se déchire en s'ouvrant (cas qui se produit heureusement moins d'une fois sur mille), ou qu'il ne s'ouvre pas (cas encore plus rare), le parachutiste tire la poignée rouge du second parachute, le ventral. Puis il projette celui-ci, toujours plié, loin de lui, de sorte qu'il se gonfle. Si cette opération ne réussit pas, on risque d'être enveloppé du parachute, telle une momie égyptienne. Pour cette raison, le débutant n'essaie l'usage du parachute ventral qu'après avoir effectué l'ouverture plus simple du dorsal — on peut faire la descente avec les deux parachutes ouverts.

Le parachutisme est un sport idéal pour les jeunes gens courageux qui aiment se sentir libres. Au lieu de se battre pour un mètre carré de sable sur une plage populaire, qu'il doit être beau de pouvoir plonger tout seul dans l'air!

(*Questions:* French, page 99, English, page 121)

46 LE PÈLERINAGE
DES SAINTES-MARIES-DE-LA-MER

En France aussi bien que les événements sportifs on célèbre
beaucoup de fêtes populaires. A Nice il y a le carnaval du Mardi
gras avec ses batailles de fleurs et son long défilé de chars ornés
d'œillets roses. A Pâques les spectacles de "Son et lumière" font
revivre le passé dans les châteaux de la vallée de la Loire. Le
quatorze juillet à Paris on admire un long défilé militaire, on
danse dans les rues et regarde les magnifiques feux d'artifice.
En Bretagne il y a les Kermesses et les pardons ou pèlerinages
au tombeau d'un saint ou d'une sainte. Mais aux Saintes-
Maries-de-la-Mer on peut assister à un spectacle qui est tout
à fait différent des autres fêtes.

Je m'appelle Marie et voilà peut-être pourquoi j'avais toujours
voulu voir la petite ville des Saintes-Maries. Au mois de mai
j'y suis allée voir la fête principale de l'année. Mon amie Claire
et moi nous avons quitté Arles de bonne heure pour traverser la
Camargue, une vaste étendue de marais et d'étangs. Nous y avons
vu de nombreux taureaux noirs et plusieurs chevaux arabes. Dans
la petite ville nous avons essayé de visiter la vieille église fortifiée
mais il y avait trop de monde. Nous avons pu cependant assister à
un défilé remarquable: il y avait des prêtres, avec des enfants de
chœur, des gardians à cheval avec de belles Arlésiennes en croupe
et des gitans ou bohémiens qui étaient venus de l'Europe entière
pour faire honneur à leur patronne Sarah. D'un côté des groupes
de bohémiens sales et peu attrayants jouaient du violon et de
l'autre des Provençaux en costume régional dansaient la farandole.

Le soir, fatiguées par la chaleur et piquées par les moustiques,
nous sommes reparties pour Arles. Vingt minutes plus tard nous
nous étions arrêtées pour admirer le magnifique coucher du
soleil. Tout d'un coup des centaines de flamants roses ont
traversé le ciel strié d'or et de pourpre. La beauté de cette scène
nous a coupé le souffle. Vraiment les spectacles de la nature
surpassent toujours les spectacles des hommes.

(*Questions:* French, page 99; English, page 122)

47 DANS LES GRANDS MAGASINS

Il y a un mois Monsieur Charles Colbert est allé en Suisse passer huit jours à Genève. Cette belle ville internationale lui a beaucoup plu. Il a été très content de pouvoir mener à bonne fin ses affaires, et il a eu aussi le temps de se délasser un peu.

Il s'est promené sur les bords du lac Léman et a admiré les centaines de rosiers qu'on y avait plantés. Il a fait aussi une excursion jusqu'à Montreux d'où il a eu une vue superbe sur les Dents du Midi dans la Haute-Savoie. La veille de son retour il a couru les grands magasins à la recherche de cadeaux pour la famille. Il se demandait ce qu'il allait acheter pour sa femme Marisette et les trois enfants: il y avait bien sûr des fourrures canadiennes hors de prix et des flacons de parfum français qui coûtaient les yeux de la tête, mais il fallait être raisonnable. Enfin il a acheté un tas de souvenirs différents: un pull-over italien pour sa femme, une culotte de cuir tyrolienne pour Jules, âgé de sept ans, quatre énormes tablettes de chocolat suisse pour Jeannette, qui aime les sucreries, trois disques américains pour Jean-Claude, amateur du jazz — et pour monsieur lui-même une boîte de cigares de la Havane!

Le lendemain il était de nouveau chez lui. Toute la famille a été ravie quand il a sorti les cadeaux, et sa femme lui a dit:

— Ils sont magnifiques, mon cher. On dirait que tu avais fait le tour du monde. Tu n'as visité qu'un pays, mais ces souvenirs proviennent de cinq pays différents.

— En effet, a répondu Charles, l'air content. Mais la prochaine fois je devrai faire un voyage lunaire, car bientôt seuls les cosmonautes pourront rapporter quelque chose de vraiment différent.

(*Questions:* French, page 100; English, page 122)

48 UN ACCIDENT

Par une nuit ténébreuse de novembre, Pierre et Jacques rentraien
très tard. Il avait plu toute la soirée, et les rues mouillées étaien
glissantes à cause des feuilles mortes qui étaient tombées d
platanes.

Près du carrefour, à quelques centaines de mètres de chez eu
Jacques a attiré l'attention de Pierre sur un homme qui éta
couché sur la chaussée, tout près du trottoir. Ils ont constat
que le malheureux avait été renversé par une auto; mais on r
voyait dans la rue déserte ni voiture ni témoin. Comme Pier:
et Jacques se penchaient sur lui, l'accidenté a repris connaissanc

— Qu'est-ce qui m'est arrivé? a-t-il demandé d'une vo:
éteinte. Et il a essayé en vain de se soulever.

— Je crois qu'il a une fracture de la jambe gauche, a d
Pierre, et la plaie qu'il a au front m'inquiète aussi. Espéro:
qu'il n'a pas de blessures internes . . . Il faut prévenir la polic
Tu peux téléphoner: il y a une cabine là-bas. Tu feras ven
une ambulance aussi, n'est-ce pas? Moi, je reste ici.

Pendant l'absence de son frère cadet, Pierre a eu l'idée c
donner les premiers soins au blessé. Il n'osait toucher à la jamb
cassée, mais il a sorti de sa poche un grand mouchoir prop:
pour le lier, sans trop serrer, autour de la tête de l'homm
Celui-ci n'a plus rien dit, car encore une fois la souffrance l
avait fait perdre connaissance . . .

Le lendemain le journal annonçait: "Le chauffard s'enfu
après l'accident", et sous ce titre se trouvait le récit de l'aventu:
des deux frères. On y racontait les bonnes actions des garçon
les enquêtes de la police, l'arrivée prompte des ambulancier
et l'hospitalisation du blessé. Mais le nom du coupable, on r
l'a jamais su.

(*Questions:* French, page 100; English, page 123)

49 UN CHIEN CAPRICIEUX

Nous avons un petit chien adorable mais méchant. Il se montre toujours affectueux avec toute la famille et doux avec les amis qui nous font visite, mais il déteste les uniformes. Par conséquent, mon frère, qui est soldat, n'ose venir nous voir qu'en civil, et mon cousin aviateur ne vient plus chez nous depuis le jour où Kiki l'a mordu à la jambe.

Autrefois on essayait d'enfermer Kiki dans la cuisine aux heures du facteur, mais pour les employés du gaz ou de l'électricité c'était très difficile (car on ne savait jamais quand ceux-ci allaient arriver à la porte), et malgré notre vigilance il y a eu, pour ainsi dire, des accidents. Les frais médicaux et le remplacement des vêtements déchirés des victimes nous ont réduits enfin au désespoir. Et comme personne n'osait plus s'approcher de la maison pour relever les compteurs, on menaçait de couper le gaz et l'électricité.

Comme remède, on nous a conseillé de tenir notre Kiki enchaîné ou muselé, mais nous l'aimions trop pour le condamner à une vie ainsi bornée. C'est un chien qui se passionne pour la liberté, ce qui explique peut-être son hostilité à l'égard des uniformes. Heureusement mon fils aîné a eu une bonne idée que nous avons mise en exécution. Nous avons pratiqué un trou dans le mur du jardin, tout près de la grille, et nous y avons mis un tout petit placard. Et dans le placard nous gardons un complet (veston et pantalon) assez ample pour couvrir n'importe quel uniforme. L'employé du gaz — ou de l'électricité — n'a qu'à le mettre avant d'entrer dans notre jardin.

(*Questions:* French, page 100; English, page 123)

50   LA PUISSANCE DE L'HABITUDE

Monsieur Alexandre Dupré se croyait chauffeur expert et il
était très fier de sa torpédo sport. Lorsqu'il faisait des voyages
à l'étranger il aimait surtout les autoroutes d'Allemagne et
d'Italie car là il pouvait rouler à toute vitesse.

Pendant sa première visite en Angleterre il faillit perdre sa
réputation d'homme raisonnable. Il savait très bien qu'il devrait
s'efforcer de conduire du bon côté de la route, lequel était pour
lui le mauvais, mais il n'y réussissait pas tout le temps. Sa femme
lui recommande de continuer à conduire de sa façon habituelle,
c'est-à-dire au beau milieu de la route. Malheureusement il
n'avait pas le temps de lui répondre, car il était en train de
calculer la distance de Douvres à Londres, tout en convertissant
les mètres et les kilomètres en pouces, pieds et milles. Dans son
manuel de poche il avait trouvé l'avis: "Multipliez par cinq et
divisez par huit." Les chauffeurs au volant des automobiles
arrivant en sens inverse lui criaient des mots incompréhensibles.
Monsieur Dupré freinait un peu, l'air furieux.

Une heure plus tard, il décida de s'arrêter à une station-service
pour acheter de l'essence. Il y avait des pompes mais on ne
comprenait pas le mot "litres." Il fit une erreur de calcul, et
l'essence arrosa le trottoir.

Une fois arrivés à leur hôtel les Dupré décidèrent de se coucher
immédiatement après le repas du soir, car le mari avait alors de
la fièvre. On fit venir le médecin et celui-ci lui prit la température.
D'abord Monsieur Dupré en demeura stupéfait mais ensuite il
saisit son manuel de poche et se mit à transformer la température
fahrenheit en température centésimale: "Retranchez trente-deux,
multipliez par cinq et divisez par neuf." Pour comble de malheur
quand il voulait commander un verre d'eau-de-vie on lui dit
qu'il était défendu de boire à cette heure.

Huit jours plus tard les Dupré rentrèrent en France pour se
reposer.

(*Questions:* French, page 101; English, page 123)

51 LES BAVARDS

Ce sont les femmes qui ont généralement la réputation d'être bavardes, mais notre voisin, Monsieur Lebrun, par exemple, est encore plus bavard que sa femme. Lorsque je suis invité à dîner chez lui, les oreilles me tintent et j'ai un mal de tête affreux, car il parle sans cesse et à haute voix. Je rentre toujours chez moi sûr de passer une nuit blanche. Je crois en effet qu'il y a autant de bavards que de bavardes.

L'autre jour je faisais la queue à l'arrêt d'autobus juste en face de l'agence de voyages où je suis directeur. Devant moi il y avait deux femmes chargées de paquets. C'était le moment des soldes et elles avaient sans doute passé l'après-midi dans les grands magasins. Elles restaient silencieuses — elles étaient peut-être épuisées. Derrière moi il y avait un monsieur au nez pointu et à la moustache en brosse. Il parlait et raisonnait à n'en plus finir avec le jeune homme qui l'accompagnait. Un quart d'heure plus tard, nous attendions toujours sur le trottoir quand le chauffeur d'un taxi qui passait a dû s'arrêter brusquement: une jeune fille, âgée de dix-huit ans peut-être, était tombée sur le passage clouté, car elle avait accroché sur le trottoir le talon haut d'un de ses souliers.

Le monsieur au nez pointu et son ami ont commencé à discuter le costume féminin moderne et la prudence des chauffeurs de taxi. Ils étaient si préoccupés qu'ils n'ont pas remarqué l'arrivée de leur autobus. L'autobus a ralenti mais il ne s'est pas arrêté. Trop tard ils l'ont vu s'éloigner. Ils ont entamé donc une nouvelle discussion sur les arrêts obligatoires et les arrêts facultatifs, et les changements qu'ils introduiraient dans la ville si seulement ils étaient conseillers municipaux.

Deux minutes plus tard l'autobus que j'attendais est arrivé. J'y suis monté en me demandant si les bavards arriveraient jamais chez eux.

(*Questions:* French, page 101; English, page 124)

52 IL FAUT TOUJOURS PRÊCHER D'EXEMPL[

J'avais dix ans lorsque mon père est mort. Ma mère et moi nou[
sommes allées demeurer dans une vieille maison à Perpignan[
Je me rappelle toujours les petites places et les avenues d[
platanes de cette ville.

Pendant les grandes vacances mon oncle Édouard et ma tant[
Madeleine venaient de Paris et nous allions ensemble passer troi[
semaines dans une petite villa à Canet, sur la côte, à douz[
kilomètres environ de Perpignan. C'était une longue plage a[
sable fin. Nous passions des journées entières à nager ou à nou[
amuser dans des pédalos. Je m'étendais sur le sable et je faisai[
des rêves d'excursions dans les Pyrénées. Je regardais le Canigou[
cette montagne qui n'a pas trois mille mètres d'altitude mais qu[
avait pour moi le charme inaccessible du mont Blanc ou d[
l'Everest.

Mon oncle nous racontait souvent des histoires de campagne[
militaires en Afrique. Je l'écoutais de toutes mes oreilles, mai[
ma mère et ma tante Madeleine ne lui prêtaient pas attention[
Il nous donnait aussi de temps en temps toutes sortes de bon[
conseils.

— Yvonne, disait-il, as-tu apporté l'ambre solaire? Tu sais qu[
tu dois étendre la mousse sur toutes les parties du corps exposée[
au soleil. Et Madeleine, tes lunettes solaires, où sont-elles? et l[
parasol vert que je t'ai acheté? Et toi, Lucette, ma petite, laiss[
tes souliers! Il ne faut pas les remplir de sable comme ça.

Un jour ma mère, ma tante Madeleine et moi, nous somme[
allées faire des courses. Avant notre départ ma tante a dit:

—N'oublie pas ton panama, Édouard!

Rentrées à la maison à l'heure du souper, nous avons trouv[
l'oncle au lit: il avait emporté son journal à lire sur la plage[
un petit chien s'est sauvé avec son panama, mais l'oncle a voul[
finir sa lecture et il est resté là en plein soleil. Naturellement i[
a attrapé un coup de soleil. Personne ne lui a dit: "C'est bien[
fait!" Mais il ne nous offre plus de conseils.

(*Questions:* French, page 102; English, page 124)

53 LA VIE DE CAMPAGNE

Nous apprenons dans une vieille chanson traditionnelle que "la vie est dure dans nos Cévennes." C'est vrai. Le fermier cévenol doit travailler toute la journée, luttant contre les intempéries du climat de ses montagnes et la pauvreté du sol. C'est surtout de l'élevage des moutons qu'il gagne sa vie. A son avis les vacances sont bonnes pour les touristes; lui, il s'en passe. C'est un homme conservateur, habitué à la solitude, méfiant à l'égard des idées modernes touchant les machines et les co-opératives agricoles. Sa seule concession au progrès, c'est son auto, dont il se sert pour aller au marché dans la ville.

Pour sa femme la vie est encore plus dure. La vieille maison en pierre est solide, mais sans confort à l'intérieur. La fermière fait le ménage et la cuisine à la manière de ses aïeules, sans aspirateur, sans machine à laver, sans réfrigérateur, sans cuisinière électrique. Elle doit se contenter de son balai, de son baquet à lessive, de sa cave et de sa grande cheminée. De plus, c'est elle qui s'occupe de la basse-cour: elle donne à manger aux poules, aux coqs, aux poussins et aux oies. Et c'est souvent à elle aussi de traire la vache ou les chèvres.

Quant aux enfants du fermier cévenol, ils n'ont plus envie de devenir fermier ou fermière, ce qui inquiète naturellement leurs parents. Les fils s'en vont à la ville travailler dans les usines, et les filles aussi s'en vont à la recherche d'un emploi dans un hôtel ou dans un bureau.

Quel sera l'avenir de la ferme isolée? Après la mort de son propriétaire actuel, elle sera sans doute le sujet d'une petite annonce dans un journal: "Vieille maison à retaper." Un riche commerçant l'achètera, et après l'avoir modernisée il se vantera à tout le monde de sa petite propriété à la montagne.

(*Questions:* French, page 102; English, page 125)

54   TOUT EST BIEN QUI FINIT BIEN

J'ai un ami, Guillaume, qui a été pendant toute sa vie paresseux et peu sérieux. Il a fait la cour à plusieurs jeunes filles à tour de rôle, mais pendant longtemps aucune n'a pu l'accrocher.

On dit toujours que les Normands sont tenaces, et un beau jour Jeannette, une jeune Normande, a réussi à se fiancer à mon ami. On a fixé le jour et l'heure du mariage. La bénédiction nuptiale serait donnée au Havre dans la petite église près de l'usine où le fiancé avait un poste de mécanicien et la fiancée un poste de sténo-dactylographe. Il y aurait aussi le mariage civil à la mairie et la noce irait ensuite se régaler dans l'hôtel le plus important du Havre.

Malheureusement trois jours avant le mariage les ouvriers de l'usine se sont mis en grève. Puisque Jeanne avait une dot considérable, il n'y avait vraiment aucune raison pour remettre les cérémonies. Mais Guillaume a décidé qu'il ne voulait pas encore se marier, et il a profité de la grève pour retirer ses promesses. Il s'est dégagé du mariage en déclarant à sa fiancée qu'il avait des principes et qu'il ne gagnait pas alors de quoi vivre, sans avoir aussi une femme à sa charge. Mon ami est certainement inconstant et sans scrupules. Trois semaines plus tard les grévistes sont retournés au travail.

Mais tout est bien qui finit bien. Encore six semaines et Jeannette s'est mariée avec le propriétaire de l'usine. Guillaume est toujours célibataire.

(*Questions:* French, page 102; English, page 125)

55 UN CADEAU IMPRÉVU

Monsieur Léon Duval était courtois et amical, mais il était toujours pressé et quelquefois distrait. Ses amis l'excusaient et sa femme essayait de prévoir ses faux pas, car il était souvent divertissant et ne voulait faire de mal à personne.

Au printemps il a dû assister à un baptême. Ma femme devait être marraine et elle lui a demandé de faire frapper une médaille pour le bébé. Comme d'habitude il y aurait sur le revers le prénom de l'enfant et sa date de baptême. Monsieur Duval a fait frapper en même temps une médaille pour faire honneur à un collègue qui allait bientôt faire sa retraite.

Avant la cérémonie religieuse Madame Duval a dit à son mari de se tenir à côté d'elle et de faire exactement ce que le prêtre lui indiquerait. Elle devait porter le bébé, un bébé d'au moins trois kilogrammes, pendant environ une demi-heure, et elle a conseillé à Léon de ne pas essayer de le lui prendre.

— Et mon cher, a-t-elle ajouté, même si le bébé te semble plutôt vilain, il faut écouter avec patience les commentaires extasiés des autres invités. Tu peux toujours te contenter d'admirer ses petites mains potelées et sa voix forte. Mais surtout n'oublie pas la médaille que je dois offrir à la maman du bébé.

Le jour du baptême tout a bien marché. Les parents étaient perdus d'admiration devant leur enfant. Le parrain a donné au papa une chaîne d'or pour l'enfant, et il allait distribuer les magnifiques boîtes de dragées qu'il avait achetées aussi. A ce moment Léon a passé la médaille à sa femme, et elle l'a offerte à la maman avec bien des compliments. Celle-ci l'a acceptée gracieusement et l'a retournée pour admirer l'inscription. Puis elle est restée ébahie en y trouvant cette légende: "En reconnaissance de services passés pendant trente années de travail et de dévouement, 1938–1968."

(*Questions:* French, page 103; English, page 125)

56 UN PHOTOGRAPHE IMPOLI

Il y avait à Toulouse un photographe célèbre, qui s'appelai
François et qui voyageait partout pour faire des photographie
de personnages importants. Il avait la manie de la sincérité e
parlait toujours avec une franchise effrayante.

Un jour il allait faire des photos de Monsieur et de Madam
Lachasse. Le mari n'était pas content du chapeau fleuri de s
femme, et lui a dit de l'enlever, mais le photographe a annoncé

— Qu'est-ce que ça fait? Ce n'est pas un autre chapeau qu
la changera.

Plus tard on lui a demandé de photographier une vedette d
cinéma accompagnée de son fiancé. Il a ordonné à celui-ci d
s'en aller en disant qu'il ne valait pas la peine de faire une tell
photographie, puisque les vedettes de l'écran changeaient s
souvent de fiancé et même de mari que la semaine prochain
il aurait peut-être à refaire la photo. Une autre fois il s'es
montré hautain et impoli envers le ministre de l'Intérieur. Aprè
un quart d'heure François lui a dit:

— Prenez un air aimable, je vous en prie. Dès que la photo
graphie sera prise, vous pourrez redevenir naturel.

Heureusement que le ministre a été bien disposé envers lui
Au lieu de se fâcher, il a donné au photographe une lettre d
recommandation en lui disant d'aller voir le chef de l'opposition

François a toujours pu vivre de ses rentes; mais actuellemen
il est en train de faire fortune car, si on n'aime pas son manqu
de politesse, on a cependant peur de sa franchise et de s
brusquerie. De plus, si on veut être à la mode c'est chez Françoi
qu'il faut aller pour se faire photographier.

(*Questions:* French, page 103; English, page 126)

57 LE RÉVEILLON

Robert et Geneviève Martignac, nouvellement installés dans leur appartement, tenaient à inviter une douzaine de leurs amis à faire réveillon chez eux. Mais ils n'avaient ni assez de vaisselle ni assez de coutellerie pour servir un repas compliqué à un si grand nombre de convives. Ils n'avaient pas beaucoup de chaises non plus.

C'est Robert qui a trouvé la solution du problème, car il avait lu une annonce qui disait: "Locations pour le réveillon." Si l'on habite à Paris, on peut, paraît-il, louer n'importe quoi. Dans le journal on donnait une dizaine d'adresses, depuis celle où l'on trouvait des cuillères à louer jusqu'à celle d'un club de poètes, un membre duquel viendrait chez vous réciter ses poèmes.

C'est Geneviève qui s'est chargée des locations et le 5 décembre elle a passé quatre heures à dresser sa liste et à écrire une huitaine de lettres. Elle allait commander non seulement des assiettes à huîtres, de la verrerie, de l'argenterie et des meubles, mais aussi une robe de soirée et une fourrure pour elle et un smoking pour son mari. Elle a résisté à l'idée de louer une perruque blonde. Pas de poète non plus. Un piano, peut-être? Un orchestre? Non, non, il fallait être raisonnable. On se contenterait d'un électrophone et de disques. Les lettres écrites, Geneviève les a confiées à Robert, qui devait les mettre à la poste. Tout devait être livré à domicile avant le 24 décembre.

Le temps a passé vite. Geneviève a fait tous les préparatifs d'un bon menu de réveillon. La magnifique nappe en dentelle, que leur avait léguée la grand-mère de Robert, était prête, aussi bien que les bougies, les fleurs et l'arbre de Noël. On n'avait qu'à attendre l'arrivée des objets loués.

La veille de Noël est venue, mais aucune livraison ne s'était faite.

— Dis, Robert, a demandé enfin Geneviève, tu as bien mis les lettres à la poste?

— Mais oui . . . C'est-à-dire que . . .

Robert est sorti chercher le veston qu'il avait porté le 5 décembre. Hélas! les lettres étaient toujours là, dans la poche où il les avait mises.

(*Questions:* French, page 103; English, page 126)

58 QUI SAIT?

Si on pense aux miracles de la nature on commence à reconnaître la petitesse de l'homme. D'autre part ce sont les hommes qui, grâce aux progrès réalisés par la science, nous révèlent les secrets de l'univers.

Il y a par exemple plusieurs problèmes qui passionnent les biologistes. Les hommes perdent leur chemin même dans la plus petite ville. Alors, comment est-ce que les saumons arrivent à s'orienter? On dit que chaque cours d'eau a un bouquet caractéristique, et que c'est à l'odeur que ces poissons identifient leur rivière natale. Certainement ils doivent posséder de véritables boussoles biologiques aussi utiles que celle d'un navire. Ils naissent dans un cours d'eau, émigrent à l'adolescence vers la mer, puis, après quatre ou cinq ans, ils retournent, pour se reproduire, dans leur rivière d'origine, à l'endroit exact où ils sont nés. Pour y parvenir ils traversent des océans. Quelques professeurs déclarent que les saumons font moins de progrès quand il ne fait pas de soleil, et que, par un temps couvert, ils préfèrent voyager de nuit en s'orientant par rapport aux étoiles.

On raconte aussi comment les pingouins parcourent des centaines de kilomètres en se guidant sur le soleil, pour retrouver le même nid d'une année à l'autre.

De temps en temps on entend parler d'un chat ou d'un chien qui a fait aussi un long trajet pour retourner on ne sait comment à sa propre ville.

On dit même que les dauphins sourient et aiment se divertir avec les gens qui nagent, et aux États-Unis on est en train de faire des expériences pour leur apprendre à parler.

Le vrai peut quelquefois n'être pas vraisemblable. Qui sait? Un de ces jours on verra peut-être l'UNESCO chez les animaux et les poissons.

(*Questions:* French, page 104; English, page 127)

59 UN CONTRE-SENS

Je me suis mariée toute jeune avec Louis Brunet, le cousin d'une amie française. J'ai fait sa connaissance lors de ma troisième visite en France quand j'étais étudiante à l'université d'Oxford.

J'avais toujours pris plaisir à étudier la langue et la littérature françaises et j'étais bien contente d'aller demeurer en France. Mon mari s'est établi dans le bureau de l'enregistrement à Nantes, et j'ai essayé de plaire à tout le monde. J'ai appris à aller aux provisions et à faire la cuisine bretonne. Mais on ne s'habitue pas facilement à une vie nouvelle. A l'université j'avais lu un tas de livres anciens, bien intéressants mais qui, en effet, ne servaient pas à grand-chose en ce qui concernait la vie de tous les jours. Quand il me fallait acheter du savon ou de l'eau de Javel ou "rouspéter" à cause d'une panne d'électricité, il était inutile d'avoir recours au vocabulaire des œuvres littéraires du Moyen Age ou du dix-septième siècle. J'ai dû apprendre d'autres mots qui ont la même orthographe et la même prononciation mais un sens différent. Je ne savais pas par exemple que le mot "musette" avait deux sens.

Peu de temps après notre mariage Louis a dû faire son service militaire. Juste au moment du départ il a crié:

— Dis donc, Anne, où as-tu fourré ma musette?

La musette pour moi était une cornemuse bretonne ou écossaise, et toute navrée je me suis dit: "Moi, je suis désolée à l'idée de notre séparation, tandis que lui, il ne pense qu'à la musique!" Et puis je me suis demandé quand il avait appris à jouer d'un tel instrument de musique.

Deux minutes plus tard, Louis est sorti de son cabinet de travail, une sorte de sac en toile à la main, en disant:

— La voilà, ma musette! Pas besoin, chérie, de chercher plus loin!

J'ai de la chance d'avoir deux patries, et je me plais à apprendre en France la langue de mon mari, mais je suis sûre que je n'en viendrai jamais à bout.

(Questions: French, page 104; English, page 127)

60 CELA NE VA PAS DE SOI

Il y a un an un étudiant anglais est allé à Paris visiter un centre de recherches et d'études pour la diffusion du français. Il était convaincu que l'orthographe grammaticale d'une langue était moins importante que la connaissance orale de la langue. Il disait toujours: "On n'a qu'à demeurer en France pour apprendre à fond le français. Le langage est un moyen de communication — il faut savoir parler, causer en français." Mais son ami Gilbert répondait: "Voyons, Richard! Il y a plusieurs moyens de communiquer. Il faut aussi savoir lire et écrire. Si on parle couramment mais en faisant tout le temps des fautes, on ne peut pas parler avec assurance, et les autres ne vous accordent pas leur confiance. D'ailleurs, ce qu'on dit peut être pris à contre-sens. A mon avis se méprendre c'est encore plus dangereux que de ne pas se faire comprendre. On n'a qu'à consulter des livres d'histoire pour en trouver la preuve."

Richard a suivi des cours dans un centre audio-visuel où on recevait des techniciens et des étudiants étrangers ainsi que des fonctionnaires des ambassades. Ces étudiants adultes — marocains, chinois, grecs, anglais — réussissaient après six mois à s'exprimer en français.

Le professeur manœuvrait un magnétophone et un projecteur de films à vues fixes. L'ensemble de chaque leçon — trois heures environ — ressemblait à une séance de projection cinématographique. Tout en regardant le film les spectateurs écoutaient le dialogue, le répétaient, et en inventaient de nouveaux dialogues. Il fallait ensuite passer trois quarts d'heure d'exercice dans la cabine d'un laboratoire de langues pour s'entraîner à prononcer, sous le contrôle d'un professeur, des phrases enregistrées sur bande magnétique.

Richard a certainement fait des progrès en français, mais il a appris une leçon encore plus importante: les méthodes de l'enseignement comptent pour peu de chose; ce qui compte c'est la bonne volonté — le désir d'apprendre et la conscience qu'un étudiant apporte à tout son travail. Les paresseux ne feront pas plus de progrès en France que dans leur pays natal.

(*Questions:* French, page 105; English, page 127)

III   Questions in French for First Year

1   SUR LA COTE BRETONNE

1 Depuis combien de temps Charles demeure-t-il dans son appartement parisien?
2 Quelle est la province française que la famille visite en été?
3 Au bord de quel océan est-ce que leur villa est située?
4 Combien de personnes y a-t-il dans la voiture?
5 Qu'est-ce que c'est que la fête du quatorze juillet?
6 Qu'est-ce qu'on a fourré dans le coffre de la voiture?
7 Pourquoi est-ce que les jeunes gens achètent souvent des transistors?
8 Qu'est-ce que Charles a essayé de faire dans la cuisine de la villa?
9 Quelle catastrophe a-t-il causée?
10 Qu'est-ce que c'est qu'un sardinier?
11 Qu'est-ce que les Bretonnes portent sur la tête?
12 Quelle sorte de travail font-elles?
13 Pourquoi les Bretons partent-ils en Angleterre?
14 Qu'est-ce que c'est que la Manche?
15 Comment est-ce qu'on peut traverser la Manche?

2   DANS LE MIDI

1 De quelle région de la France l'écrivain vient-il?
2 Quand est-ce qu'on fait d'habitude sa retraite?
3 Où est-ce que Cassis est situé?
4 Pourquoi ce petit port est-il célèbre?
5 Dans quel pays est-ce qu'on trouve beaucoup de fiords?
6 Quel âge le marin avait-il?
7 De quoi les Français aiment-ils surtout parler?
8 De quel moyen de transport est-ce qu'on se sert dans le Tour de France?
9 Où est-ce que les deux causeurs comptaient se retrouver le lendemain?
10 Quels sont les passe-temps favoris des Français en général?

3 DESTINATION TANGER

1   De quoi Monsieur Ampère est-il fier?
2   Précisez la situation de Lyon.
3   Expliquez la locution «les heures de pointe».
4   Pourquoi Monsieur Ampère est-il allé voir le médecin?
5   Qu'est-ce que le médecin lui a conseillé de faire?
6   Qu'est-ce qui se vend dans le magasin de Monsieur Ampère?
7   Qu'est-ce que sa femme devait faire pendant son absence?
8   Pourquoi Monsieur Ampère a-t-il quitté Nice en toute hâte?
9   Que voyait-il sur la route Madrid-Malaga? Et pendant la traversée de la mer?
10 Nommez les moyens de transport dont il s'est servi pendant le voyage entier.
11 Quelles étaient ses premières impressions de Tanger?
12 Qu'est-ce qui a avancé son retour à Lyon?
13 Quelles langues parle-t-on à Tanger?
14 De quel continent le Maroc fait-il partie?

4 DÉFENSE DE KLAXONNER

1   De quel moyen de transport s'agit-il dans cette histoire?
2   Décrivez la voiture que conduisait la dame.
3   Comment était son amie?
4   Pourquoi la dame a-t-elle été obligée d'arrêter l'auto?
5   Qu'est-ce que la dame n'a pas pu réussir à faire?
6   A quoi le son du klaxon ressemblait-il?
7   Pourquoi les gendarmes sont-ils sortis pendant la nuit?
8   Que faisait le fermier?
9   A quoi sert un volant?
10 Expliquez ce que c'est qu'un permis de conduire.

5 DANS LE MÉTRO

1   Pourquoi Achille venait-il tous les ans à Paris?
2   Nommez deux aspects de la vie familiale en France.
3   Comment Achille diffère-t-il des autres enfants de la famille?
4   Donnez un exemple de sa méchanceté.
5   A quoi ressemble-t-il?
6   A quoi est-ce que Jacqueline le compare?

7   Combien de temps est-il resté dans le Métro?
8   Où est-ce qu'on a acheté les tickets?
9   Comment s'est-il posté devant le portillon?
10 Comment s'est-il amusé sur le quai?
11 Comment est-ce qu'on appelle un train de Métro?
12 La vieille dame, qu'est-ce qu'elle portait?
13 Quels étaient les vrais sentiments d'Achille?
14 Qu'est-ce qu'il veut faire l'année prochaine?
15 Quand est-ce que le portillon est fermé?

6   LES LEÇONS DE L'EXPÉRIENCE

1   Quel moyen de transport Robert aime-t-il?
2   Qu'est-ce que c'est qu'un lycéen?
3   Quels pays étrangers Robert a-t-il visités?
4   Quelle est la différence entre une autoroute et un chemin vicinal?
5   Expliquez ce que fait un auto-stoppeur et pourquoi?
6   Pourquoi est-ce que Robert a pris une fois l'avion?
7   Qui est Jacques?
8   Quelle carrière a-t-il embrassée?
9   Lequel va le plus vite, un avion à réaction ou un hélicoptère?
10 Qu'est-ce que les voyageurs doivent faire pour le moment du décollage?
11 Comment est-ce que Robert a passé la première partie de son voyage en avion?
12 Quel temps a-t-il fait plus tard?
13 Pourquoi a-t-il fallu boucler les ceintures?
14 Qu'est-ce qu'il a pensé du pilote et du navigateur?

7   UN PETIT HOTEL

1   Monsieur Ravel, comment aime-t-il passer le temps?
2   Dans quelle région a-t-il fait un séjour l'année dernière?
3   Quels arbres y a-t-il dans cette région?
4   Expliquez ce que fait la femme de chambre dans un hôtel.
5   Dans quelle sorte d'hôtel a-t-on un ascenseur?
6   Quelle spécialité de la région trouve-t-on à Arcachon?
7   Qu'est-ce qu'il faut pour faire une omelette?
8   Nommez deux autres plats que Monsieur Ravel appréciait.

9   A quelle heure le patron se couchait-il?
10   Pourquoi Monsieur Ravel est-il sorti?
11   Où a-t-il passé le reste de la nuit?
12   Qu'est-ce qu'il voulait boire?
13   Pourquoi le chien n'a-t-il pas pu réveiller son maître?
14   Qu'est-ce que le patron avait oublié de faire?

8   L'HOTEL DES INVALIDES

1   Quel est le monument célèbre que le monsieur dans l'histoire n
     veut pas voir?
2   Que fait-il pour éviter de le voir?
3   De quelle ville Eiffel était-il originaire?
4   Pourquoi est-ce qu'on visite l'Hôtel des Invalides?
5   Pourquoi est-ce qu'on appelle Napoléon "le petit Corse"?
6   D'après l'auteur, qu'est-ce qui domine le Paris d'aujourd'hui?
7   Qu'est-ce que Napoléon a fait pour la modernisation de Paris?
8   Citez deux exemples de son intelligence.
9   Combien d'heures de sommeil lui suffisaient?
10   Pourquoi a-t-il fait tant de sacrifices?

9   UN JARDIN DE BANLIEUE

1   Dans quel bureau est-ce que le père travaille?
2   Quelles idées le père a-t-il au sujet du jardinage?
3   Qui tond la pelouse?
4   Qu'est-ce qu'il y a dans le jardin potager?
5   Donnez deux exemples d'herbes potagères.
6   Comment est-ce qu'on se sert d'un bouquet garni?
7   Pourquoi peut-on cultiver des tomates et des melons en plein ai
     à Nîmes?
8   Combien d'arbres y a-t-il dans ce jardin?
9   Quels fruits trouve-t-on sur un abricotier?
10   Qu'est-ce qui pousse dans un verger?
11   De quelle couleur sont les chrysanthèmes?
12   Qu'est-ce que la mère a acheté en ville?
13   Expliquez ce que c'est qu'une librairie.
14   Avec quoi est-ce qu'on retourne le sol?
15   Qu'est-ce qu'on met d'habitude dans une brouette?

10   LE JARDIN DU LUXEMBOURG

1   Où se trouve le Jardin du Luxembourg?
2   Quand est-ce que la jeune étudiante se promenait dans ce jardin?
3   Que fait une chaisière?
4   Quels livres la jeune femme lisait-elle?
5   Quand est-ce qu'elle est retournée au jardin?
6   Que faisaient les jardiniers?
7   A quels parfums étaient les glaces?
8   Où se trouvaient les petits kiosques?
9   Qu'est-ce qu'on faisait là-dedans?
10   Que faisait la jeune mère parisienne?
11   Comment les enfants s'amusaient-ils?
12   Qu'est-ce que le petit garçon a voulu faire?
13   Qu'est-ce qui est arrivé?
14   Qu'est-ce que la mère a fait?

11   UNE ESTHÉTICIENNE

1   Pour quelle carrière est-ce que Brigitte s'est préparée?
2   Qui est Mireille?
3   Quel menu doit-on choisir si on ne veut pas grossir?
4   Que fait une manucure?
5   Combien de temps faut-il pour un shampooing à la bière?
6   Quand est-ce qu'il est nécessaire d'avoir une mise en plis?
7   De quelle sorte de crayons parle-t-on?
8   Pourquoi est-ce qu'il vaut mieux mettre de l'huile solaire en été?
9   Sur quelle côte est-ce que Brigitte a passé ses vacances?
10   Qu'est-ce qu'elle voulait oublier?
11   Comment s'est-elle coiffée pendant les vacances?
12   Quel régime a-t-elle suivi?
13   Qu'est-ce que la dame maigre a offert à Brigitte?
14   Expliquez comment la dame s'est trompée.
15   Quels parfums français connaissez-vous?

12   UN DON JUAN

1   Pourquoi est-ce qu'on appelle l'âge de huit ans l'âge des genoux sales?
2   Qu'est-ce que le petit Paul ne voulait pas faire?

3 Quel âge a-t-il actuellement?
4 Combien de temps passe-t-il maintenant dans la salle de bains?
5 Que fait-il tous les matins?
6 Comment est-ce qu'on utilise la pâte dentifrice?
7 Comment savez-vous que l'oncle de Paul est généreux?
8 Comment sont les chaussettes de Paul?
9 Pourquoi est-ce que ses souliers ne sont jamais poussiéreux?
10 Combien de fois par semaine change-t-il de chemise?
11 Quand est-ce que le père devient furieux?
12 Qu'est-ce que la mère a fait hier?
13 Pendant combien de temps le père est-il resté dans la salle de bains?
Pour quelle raison?

13 UNE BONNE A TOUT FAIRE

1 Quand est-ce que la femme de ménage a quitté sa ville natale?
2 Qui encourage Louise à raconter ses histoires?
3 Quel homme célèbre était, à l'avis de Louise, son ancêtre?
4 Combien d'enfants y a-t-il dans cette famille?
5 Que savez-vous du caractère de Louise?
6 Pourquoi la femme de ménage a-t-elle voulu être appelée une bonne
à tout faire?
7 Comment est-ce qu'elle a traité les invités de la maison?
8 Quelle est la lecture préférée du fils aîné?
9 Dans quel siècle Napoléon premier est-il mort?
10 Qu'est-ce qui est arrivé à Waterloo?

14 ÉLECTRICIEN OU PLOMBIER

1 Où se trouve la vieille maison?
2 Quelle sorte d'éclairage y a-t-il dans la maison?
3 A quoi sert une cuisinière électrique?
4 Qu'est-ce qu'on met dans une machine à laver?
5 Que fait-on avec un aspirateur?
6 Comment peut-on chauffer une maison?
7 Pourquoi est-on obligé de porter un manteau de fourrure dans cette
maison?
8 En quoi est un cache-nez d'habitude?
9 Comment l'électricien s'appelle-t-il?
10 Quelle sorte de travail fait-il bien?

1 Quand est-ce qu'on remplace un fusible?
2 Comment est-ce que Jules passe le temps?
3 Quelle suggestion amusante Jules fait-il?
4 Laquelle préférez-vous: une maison à la campagne ou une maison en ville? Pourquoi?

15 UN CHEZ-SOI

1 Quelle sorte de travail faisait Charles?
2 Expliquez ce que c'est qu'un appartement meublé.
3 Depuis quand est-ce que la famille Dubois habitait cet appartement?
4 Pourquoi Françoise le trouvait-elle fatigant d'y demeurer?
5 Qu'est-ce qu'on fait si on bâtit des châteaux en Espagne?
6 Pourquoi Charles a-t-il refusé d'aider sa femme?
7 Que fait un architecte?
8 Où est-ce qu'on voit des tuiles?
9 A quoi sert le chauffage central?
10 Que fait-on quand on déménage?
11 Quels meubles Françoise a-t-elle achetés?
12 Qu'est-ce que Charles devait faire pour avoir encore des meubles?
13 Nommez les pièces principales d'une maison.
14 Préférez-vous les maisons jumelles ou les maisons indépendantes? Dites pourquoi.

16 UNE SALADE "GARNIE"

1 De quoi le groupe était-il formé?
2 Quelles sont les grandes vacances?
3 Comment s'appelle le repas de midi?
4 Pourquoi les jeunes Anglais ne trouvaient-ils pas les repas très variés?
5 Qu'est-ce que Robert n'osait pas manger?
6 Comment prépare-t-on une simple salade à la française?
7 Qu'est-ce qu'un saladier?
8 Où se trouvait la chenille?
9 Pourquoi une camarade de Robert a-t-elle poussé un cri?
10 Pourquoi Robert a-t-il quitté la table?
11 Qu'est-ce qu'il a montré à la serveuse?
12 Qu'est-ce que la serveuse a fait?

17 UN REPAS MANQUÉ

1 Où est-ce que les Moreau avaient déjà fait du camping?
2 Quels projets de vacances Monsieur Moreau a-t-il faits pour la troisième année?
3 Pourquoi serait-il mieux d'emporter ses propres tentes?
4 En quelle saison le Salon du camping a-t-il lieu à Paris?
5 Quels appareils de cuisine Monsieur et Madame Moreau ont-ils achetés après avoir visité le Salon du camping?
6 Est-ce que l'auto des Moreau était grande ou petite?
7 Où est-ce que la famille s'est installée?
8 Quels légumes a-t-on préparés?
9 Est-ce qu'on avait l'intention de manger du bœuf ou du porc?
10 Quelle boîte Madame Moreau a-t-elle demandée?
11 Qu'est-ce qu'on a dû manger au lieu du repas promis?
12 Que savez-vous de la Savoie? Et de la Côte d'Azur?

18 ENTENTE CORDIALE

1 Dans quelle ville les touristes se trouvaient-ils?
2 De quel pays le whisky est-il une spécialité?
3 De quel pays l'Allemand était-il originaire? Et le Portugais?
4 Lequel des touristes était venu de l'U.R.S.S.?
5 Pourquoi chaque touriste a-t-il commandé une spécialité de son pays?
6 Où se trouvait l'agent de police?
7 Qu'est-ce qui a heurté la motocyclette?
8 Que faisait le peintre?
9 Qu'est-ce que le garçon de café a offert aux touristes mélancoliques?
10 Exprimez autrement (a) *patrie* (b) *nostalgie*.

19 LA PÊCHE OU LA CHASSE

1 Comment s'appellent les deux frères?
2 Qui est Henriette?
3 Quelle est sa tâche principale?
4 Que font les deux frères tous les dimanches?
5 Qu'est-ce qu'Albert rapporte souvent à la maison?
6 Pourquoi André rentre-t-il aussi en triomphe?
7 Qui aide Henriette à mettre sa ruse en pratique?
8 Quel est le désastre qui se produit un jour?

9 Comment Henriette se montre-t-elle débrouillarde?
10 Expliquez ce que c'est qu'une truite au bleu.

20 L'ART

1 Quel était le métier du père?
2 Nommez une porcelaine française aussi bien connue que la porce
laine de Sèvres.
3 Pourquoi l'artiste n'aimait-il pas les tapisseries?
4 Dans quelle sorte de bâtiment est-ce qu'on trouve d'habitude des
vitraux?
5 Où se trouve la Sainte-Chapelle?
6 Qui est le plus grand sculpteur français?
7 Qu'est-ce que c'est qu'un caricaturiste?
8 Pour quelle raison l'artiste a-t-il décidé de peindre à l'huile?
9 Pourquoi a-t-il jeté son tableau par terre?
10 De quelle couleur était le chat avant et après son aventure?
11 Qui est arrivé?
12 Pourquoi l'artiste a-t-il été content?
13 Qu'est-ce qu'il a décidé donc de faire?

21 DE LA MUSIQUE AVANT TOUTE CHOSE

1 Comment peut-on avoir l'impression de voyager sans partir de
chez soi?
2 Quels instruments de musique évoquent l'Italie, l'Écosse, la Suisse
et la France?
3 Expliquez les mots "brumeux" et "fleuri."
4 Qu'est-ce qu'on fait en France le 14 juillet?
5 Nommez trois instruments de musique qui sont devenus surtout
internationaux.
6 Dans quelle ville le musée du Vatican est-il situé?
7 De quel pays le sculpteur du Discobole était-il originaire?
8 Quelle sorte de musique ne plaît pas à la vieille dame?

22 LE CYCLISME

1 Quel est le sport favori de beaucoup de Français?
2 Quels sont les pays anglo-saxons qui aiment le bowling?
3 Sur quelle sorte de terrain joue-t-on aux boules en Angleterre? Et
en France?

4   Qu'est-ce que c'est que le Tour de France?
5   Pourquoi les cyclistes arrivent-ils souvent à bout de souffle?
6   Qu'est-ce que c'est que la Coupe des Alpes?
7   Dans quelle région de la France l'auteur a-t-il vu une course amusante?
8   Pourquoi les concurrents s'arrêtaient-ils à chaque étape de vingt kilomètres?
9   Qui reçoit d'habitude le maillot jaune?
10 Pourquoi est-ce que l'auteur aurait donné le maillot jaune au starter?

23   L'ATHLÉTISME

1   Qu'est-ce que les Mathurin aiment discuter?
2   La grand-mère, quel rôle joue-t-elle dans les discussions?
3   A quel sport est-ce que le père s'intéresse?
4   Pourquoi la mère préfère-t-elle le tennis?
5   Comment Thérèse s'amuse-t-elle?
6   Qu'est-ce qu'on fait si on fait le dressage d'un cheval?
7   Pourquoi est-ce que Lucette admire d'Artagnan?
8   Qu'est-ce que c'est qu'une nage?
9   De quoi est-ce que Victor parle tout le temps?
10 Quels athlètes est-ce que Stéphan apprécie le plus?
11 Qu'est-ce qu'il dit qu'il faut faire pour avoir une excellente santé physique?
12 Qu'est-ce que c'est qu'un gymnase?
13 Qu'est-ce que la grand-mère a dit qu'il fallait faire avant de parler d'un sport?
14 Quand est-ce qu'on entend sur un terrain de sport un coup de pistolet?

24   LES SPORTS D'HIVER

1   Où est-ce que l'écrivain passe ses vacances d'hiver?
2   Comment est-ce qu'on appelle les gens qui font du patinage?
3   Quel est le sport préféré de l'écrivain?
4   A quelle heure est-ce qu'il se lève?
5   Qu'est-ce qu'il porte pour se protéger le visage contre le vent?
6   Quels risques est-ce qu'on court si on fait du ski?
7   De quels moments le skieur se souvient-il avec plaisir?

8 Décrivez le skieur au moment où il plane en l'air.
9 Dans quels sports est-ce qu'on fait des courbes gracieuses?
10 Où fait-on du ski nautique?

25   L'ENCHANTEMENT DU CIRQUE

1 Qu'est-ce que la mère de Paul lui avait promis?
2 Qui était Richard? Quel âge avait-il?
3 Qu'est-ce qu'un chapiteau?
4 Comment est le chapeau du maître de manège?
5 Qu'est-ce qui arrive au moment de la parade initiale?
6 Où est-ce que Paul a vu des tigres?
7 Décrivez la personne qui se tenait debout sur son cheval.
8 Qu'est-ce qu'un funambule?
9 Qu'est-ce qu'il y avait au-dessous de la corde raide?
10 Comment Paul a-t-il trouvé les chiens costumés?
11 Combien de roues a un tricycle?
12 Qu'est-ce que le dompteur de lions avait à la main?
13 Comment étaient les clowns?
14 Pourquoi la mère de Paul riait-elle?

26   CINÉMA OU THÉÂTRE?

1 Où est-ce que Catherine a trouvé la date de la Fête des Mères?
2 A qui en a-t-elle parlé?
3 Que veut dire "jumelles"?
4 Comment s'appelle le plus jeune des frères?
5 A quel grand magasin les enfants sont-ils allés pour acheter des cadeaux?
6 Madame Bergerac, aimait-elle mieux le théâtre ou le cinéma?
7 Pourquoi les enfants ont-ils discuté les mérites du théâtre et du cinéma?
8 Lesquels des enfants préféraient le cinéma?
9 Quelle solution du problème Monsieur Bergerac a-t-il trouvée?
10 Pourquoi allait-on sortir ensemble le 18 juin?

27   UN PETIT MARCHÉ DE PROVENCE

1 Où est-ce que l'étudiante a passé la Noël?
2 Qu'est-ce qu'on a appris au sujet de son pays natal?
3 Quelle sorte de livres lisait-elle?

4   Où se tenaient les marchands?
5   Que faisaient-ils?
6   Quels légumes est-ce que les ménagères voulaient acheter?
7   Le jeune marchand, où était-il?
8   Qu'est-ce qu'on avait apporté dans un camion?
9   Pourquoi l'étudiante est-elle restée sans mot dire?
10 Comment est-ce que la petite visite au marché lui a fait du bien?
11 Où avait-elle une chambre?
12 Après son retour du marché comment a-t-elle essayé d'exprimer sa reconnaissance?
13 Qu'est-ce qu'il y a dans une crèche?
14 Où avait-elle acheté les figurines en terre cuite?
15 Que savez-vous du port de Marseille et de la Canebière?

28   UN SUPERMARCHÉ

1   De quelle région de la France la famille était-elle originaire?
2   Où s'est-elle installée?
3   Décrivez la belle-mère.
4   Avec qui est-ce qu'elle discutait le prix de la viande?
5   Qu'est-ce qu'on achète dans une alimentation générale?
6   Où était situé le supermarché?
7   Qu'est-ce que Madame Ricard a vu sur les étagères?
8   A quoi sert une lampe électrique?
9   Pourquoi est-ce qu'on a un petit chariot dans un supermarché?
10 Quel était pour Madame Ricard le plus grand désavantage de faire ses courses dans un supermarché?

29   CHEZ LE DENTISTE

1   Combien d'enfants Monsieur et Madame Dupont avaient-ils?
2   Pourquoi Alain était-il insupportable?
3   A quelle heure a-t-il commencé à pleurer?
4   Quelle date était-ce?
5   Pourquoi Alain pleurait-il?
6   Qu'est-ce qu'il s'est mis à faire plusieurs minutes plus tard?
7   Qu'est-ce que la mère d'Alain a voulu absolument faire?
8   Qui a fait venir le taxi?
9   Que faisait Alain quand on l'a enveloppé dans une couverture?
10 Comment Monsieur Dupont était-il habillé?

11 Où était le taxi?
12 Pourquoi le dentiste était-il furieux?
13 Pourquoi Alain s'est-il calmé?
14 Où est-ce que les parents d'Alain attendaient?
15 Qui a hurlé, et pourquoi?

30 UN INCENDIE

1 Qu'est-ce que Monsieur Fallet a remarqué après s'être réveillé?
2 Où était l'incendie?
3 Pourquoi les autres bâtiments étaient-ils menacés du feu?
4 Pourquoi Monsieur Fallet a-t-il frappé et sonné à la porte des autres appartements?
5 Qu'est-ce que les pompiers ont essayé de faire?
6 De quoi les pompiers se sont-ils servis pour atteindre les étages supérieurs de l'immeuble?
7 Comment étaient les toits et les murailles?
8 Quels bruits se faisaient entendre?
9 Quand est-ce que les habitants de l'immeuble ont pu rentrer chez eux?
10 Qu'est-ce qu'il y avait dans la cage que portait la vieille voisine de Monsieur Fallet?

31 DES EXCUSES DE DIPLOMATE

1 Nommez un défaut de Chantal.
2 Que fait la mère quand la petite fille a fait une bêtise?
3 Pourquoi la petite fille est-elle allée chercher sa mère?
4 De quels objets de valeur Chantal a-t-elle parlé?
5 De quels pays lointains avait-on rapporté ces objets?
6 Pourquoi Chantal est-elle allée à la cuisine?
7 Qui l'a accompagnée?
8 Qu'est-ce qu'il y avait dans le bol?
9 Qu'est-ce que Tigui a fait après avoir sauté sur la table?
10 Quelles qualités est-ce que sa mère admire chez Chantal?

32 AU BUREAU DE POSTE

1 Où est-ce que Jo était en visite?
2 Dans quel pays était son frère?
3 Qu'est-ce que la mère de la famille a dit à Jo au sujet du télégramme?

4 Pourquoi Jo voulait-elle toutefois envoyer le télégramme?

5 Quelle différence a-t-elle remarqué entre le service postal de Paris et celui de Londres?

6 Qu'est-ce qu'on reçoit en échange d'un coupon-réponse international?

7 Qui tenait à parler anglais?

8 Pourquoi Jo n'a-t-elle pu envoyer le télégramme?

9 Comment est-elle sortie du bureau de poste?

10 Qu'a-t-elle fait de son stylo?

11 Quand est-ce qu'elle est retournée au bureau de poste?

12 Qui est-ce qu'elle a cherché?

13 Pourquoi se sentait-elle triste?

14 Que faisait Jo quand l'employé lui a parlé?

15 Que faisait l'employé quand il a parlé à Jo?

33 LES ANIMAUX ABANDONNÉS

1 Quand est-ce qu'on voit beaucoup d'animaux abandonnés?

2 Pourquoi les animaux sont-ils abandonnés en ce temps-là?

3 Comment ces animaux causent-ils des accidents de rue?

4 Expliquez pourquoi les chats survivent plus facilement que les chiens.

5 Pourquoi les chiens ne savent-ils pas se débrouiller?

6 Quels gens font tout ce qu'ils peuvent pour sauver les animaux?

7 Qu'est-ce que c'est que la S.P.A.?

8 Qu'est-ce qu'un jardinet?

9 Qu'est-ce que les animaux entendent dans la pension de luxe à l'heure de dormir?

10 Quelles sont les qualités indispensables d'une bonne pension d'animaux?

34 LES JEUNES GENS

1 Qui a congé le jeudi après-midi?

2 Où est-ce que les jeunes gens passent souvent leur temps?

3 Comment David passe-t-il son temps?

4 Qu'est-ce que son père lui propose?

5 Pourquoi est-ce que le père dit à Christine d'apprendre à faire la cuisine?

6 Si elle veut réussir, qu'est-ce qu'elle doit choisir?

7 Qu'est-ce que David décide de faire?
8 Pourquoi le chat se réfugie-t-il dans le jardin?
9 Décrivez les progrès de Christine.
10 A quelle heure mange-t-on les dimanches soir?
11 Qu'est-ce que David et ses parents sont obligés de faire?
12 Quels nouveaux passe-temps est-ce que les parents vont suggérer?

35 SUR L'EAU

1 Quel temps faisait-il au bord du lac?
2 Où est-ce qu'il faisait un peu plus frais?
3 Qu'est-ce qu'un îlot?
4 Qui a accompagné Jérôme dans la périssoire?
5 Est-ce que Martin ramait vite ou lentement?
6 Qui gouvernait le bateau à rames?
7 Comment étaient les montagnes?
8 Pourquoi Martin a-t-il poussé un cri?
9 Qu'est-ce qui a heurté la périssoire?
10 Où était Jérôme après la collision?

36 NUL N'EST PROPHÈTE DANS SON PAYS

1 Où est-ce que François a fait ses études?
2 Quel poste a-t-il obtenu?
3 Qu'est-ce que c'est que la Société Générale?
4 Pourquoi sa femme a-t-elle été étonnée l'année dernière?
5 Qu'est-ce qu'on met d'habitude dans une chambre de débarras?
6 Comment est-ce que François a voulu transformer cette chambre?
7 Comment espérait-il devenir célèbre?
8 Quelle était l'opinion de sa femme?
9 Qu'est-ce que le mari a fait tous les dimanches?
10 Quelle idée l'encourageait?
11 Pourquoi a-t-il quitté le cabinet le trente mars?
12 Qu'est-ce que sa femme a fait pendant son absence?
13 Pourquoi est-ce que François a crié?
14 Pourquoi sa femme avait-elle jeté les papiers dans le fourneau?
15 Comment est-ce que François s'est consolé?

IV Questions in French for Second Year

1 Dans quelle province est-ce que les deux amies sont allées pas er leurs vacances?

2 Pourquoi est-ce que Madame Leroux n'est pas restée à Aix pendant l'été?

3 A quoi servait la haie de cyprès?

4 Combien d'arbres fruitiers y avait-il dans le jardin?

5 D'où voyait-on le mont Sainte-Victoire?

6 De quelle couleur était la terre de la région?

7 Quelles plantes poussaient sur les collines?

8 Que faisaient les grenouilles?

9 Où est-ce que les amies buvaient un verre de vin?

10 Qu'est-ce qu'il y avait à admirer à Aix?

11 Comment s'appelait l'habitant principal de la villa?

12 Où est-ce qu'il mangeait?

13 Pourquoi est-ce qu'il a fallu augmenter la ration d'Agathon?

38 UN VOYAGE DE NUIT

1 Quand est-ce que Jules et Émile s'étaient rendus à la gare?

2 Où devaient-ils retourner?

3 Que faisait Jules?

4 Quels renseignements entendait-il?

5 Pourquoi Émile était-il allé au guichet?

6 Pourquoi tirait-il un chariot de porteur?

7 Dans quels wagons peut-on s'étendre pour dormir?

8 Qu'est-ce qu'un wagon-restaurant?

9 Dans un compartiment de train, où peut-on mettre ses bagages?

10 Qu'est-ce que le vieillard tenait?

11 Comment les voyageurs savaient-ils que le dîner était prêt?

12 Où est-ce que le vieillard a caché son sac?

13 Pourquoi l'a-t-il caché?

14 Pourquoi le soldat a-t-il arrêté le train?

15 Où est-ce que Jules et Émile devaient changer de train?

39 NOTRE HÉRITAGE

1 Quelle est la différence entre un château et une maison?
2 Dans quelle région de la France y a-t-il beaucoup de châteaux célèbres?
3 Où est-ce que le mari travaille?
4 Lequel est le plus grand des châteaux?
5 Qui était Molière?
6 Qu'est-ce que Raoul a trouvé de beau à Loches?
7 Quel est le château favori de la mère de Raoul?
8 Qu'est-ce que Jeanne d'Arc a fait à Chinon?
9 Qu'est-ce que Raoul a voulu aller voir à Saumur?
10 Pourquoi n'a-t-il pas pu visiter le château dans son rêve?

40 AU JARDIN ZOOLOGIQUE

1 Comment étaient les parterres?
2 Quels oiseaux y avait-il près du bassin?
3 Pourquoi Gérard commençait-il à s'ennuyer?
4 Lequel des animaux avait le cou le plus long?
5 Quels animaux avait-il trouvés amusants?
6 De quoi le père de Gérard avait-il parlé à son fils?
7 Quel problème s'est présenté à l'esprit de Gérard?
8 Pourquoi a-t-il ramassé du bois et des feuilles mortes?
9 Où est-ce qu'il les a déposés?
10 Qu'est-ce qui lui manquait?

41 LA MODE

1 Qui sont les créateurs de la mode dans leurs salons?
2 Comparez les costumes d'aujourd'hui avec les costumes de vos parents.
3 Qui est-ce que les jeunes filles veulent imiter?
4 Qu'est-ce qu'elles portent pendant les week-ends?
5 Qu'est-ce que les garçons préfèrent à la flanelle grise?
6 Qu'est-ce que c'est qu'un pantalon tube?
7 Quelle est la différence entre un gilet et une veste?
8 Qui porte d'habitude un jabot?
9 De quelle longueur sont les jupes?
10 Quelle sorte de bas est-ce qu'on porte?

11 Décrivez les chaussures à la mode.
2   En quoi sont les ceintures?
13 Si on était toujours à l'âge de pierre comment serait-on habillé?
14 Nommez deux couturiers ou couturières célèbres.

42 LA CONQUÊTE DE L'ESPACE

1   Quelle est la carrière qui intéresse le petit garçon?
2   Qu'est-ce qu'il a fait à l'école?
3   Qu'est-ce que c'est qu'un astronaute?
4   Quelles sortes de films voit-on souvent aujourd'hui?
5   Expliquez ce que veut dire la phrase "avoir une tête de linotte."
6   Sur quoi est-ce qu'on fait des recherches dans un centre hydro-biologique?
7   Qu'est-ce qu'on trouve dans les laboratoires?
8   Avec quoi est-ce qu'on fait d'habitude des photographies de ses amis?
9   Quelle recherche scientifique est la plus importante?
10 Quelle est la leçon la plus importante à apprendre pour le bonheur des hommes?

43 UN FESTIN

1   De quoi est-ce que Jean parlait sans cesse à Geneviève?
2   Pourquoi prend-on un apéritif?
3   Nommez quelques apéritifs français.
4   Comment est-ce qu'on appelle ce qu'on mange au début d'un repas?
5   Quelle était la spécialité de la maison?
6   Avec quoi est-ce qu'on prépare ce plat?
7   De quelle couleur était la bombe?
8   Qu'est-ce que c'est qu'un cordon bleu?
9   Comment la mère de Jean s'est-elle trompée cette fois?
10 Dans quelle région de la France est-ce qu'on trouve les meilleurs pâtés?

44 L'ALPINISME

1   Qu'est-ce que c'est qu'un alpiniste?
2   Quand est-ce que cet alpiniste se sentait fort et heureux?
3   Pourquoi est-ce qu'on le compare à un chien saint-bernard?

4 Quelle carrière l'alpiniste a-t-il suivie?
5 Qui a-t-il sauvé?
6 Qu'est-ce qu'il essayait de faire quand il est tombé dans une crevasse?
7 Quelle a été sa plus récente escalade?
8 Pourquoi l'a-t-il faite?
9 Qu'est-ce que c'est qu'une exposition?
10 Quelle est la plus haute montagne des Alpes?

45 LE PARACHUTISME SPORTIF

1 Où est situé le centre national du parachutisme sportif de France?
2 Pourquoi l'émission télévisée de Biscarrosse a-t-elle été impressionnante?
3 Pourquoi n'est-il pas très simple de devenir parachutiste?
4 Qu'est-ce que le parachutiste doit faire lorsque ses pieds touchent le sol?
5 Comment peut-on s'entraîner avant de faire son premier saut véritable?
6 Lequel des deux types de parachute est le plus grand?
7 Où est-ce que le chuteur porte le parachute dorsal?
8 Qu'est-ce qui déclenche le parachute de secours?
9 Qu'est-ce qui peut arriver si on ne projette pas bien le parachute ventral?
10 Quelles sortes de jeunes gens aiment le parachutisme?

46 LE PÈLERINAGE DES SAINTES-MARIES-DE-LA-MER

1 Quand est-ce qu'il y a des batailles de fleurs à Nice?
2 Pourquoi est-ce qu'on célèbre le quatorze juillet?
3 Qu'est-ce que c'est qu'un pardon breton?
4 Pourquoi est-ce que l'écrivain a voulu voir la ville des Saintes-Maries?
5 Quand est-ce que Marie y est allée?
6 Qu'est-ce qu'il a fallu traverser?
7 Quels animaux ont-elles vus?
8 Pourquoi n'ont-elles pas pu visiter l'église?
9 Comment s'appellent les habitants d'Arles?
10 De qui Sarah est-elle la patronne?
11 Quelle musique est-ce qu'on entendait?

12 Qu'est-ce que c'est qu'une farandole?
13 Comment étaient les deux amies vers la fin du jour?
14 Quels oiseaux ont-elles vus?
15 Quel spectacle ont-elles trouvé le plus beau?

47   DANS LES GRANDS MAGASINS

1 Quel pays est-ce que Monsieur Colbert a visité?
2 Combien de temps est-il resté à Genève?
3 Pourquoi a-t-il été content pendant son séjour en Suisse?
4 Sur les bords de quel lac la ville de Genève est-elle située?
5 Comment est-ce qu'il a passé la veille de son départ pour la France
6 Pourquoi est-ce qu'il n'a acheté ni fourrures ni parfum?
7 Pour qui a-t-il acheté un tricot?
8 Pourquoi la culotte de Jules sera-t-elle inusable?
9 Pourquoi Jeannette a-t-elle reçu du chocolat?
10 Qu'est-ce qui a fait plaisir à Jean-Claude?
11 Dans quels pays avait-on fabriqué les cadeaux de Marisette, d
    Jules et de Jean-Claude?
12 Où faudra-t-il bientôt aller si on veut acheter quelque chose d
    différent?
13 Qu'est-ce que c'est qu'un cosmonaute?

48   UN ACCIDENT

1 Pourquoi les rues étaient-elles mouillées?
2 Pourquoi étaient-elles glissantes?
3 Expliquez le mot *carrefour*.
4 Pourquoi l'homme était-il sur la chaussée?
5 Quand est-ce que l'accidenté a repris connaissance?
6 Pourquoi n'a-t-il pas pu se lever?
7 Qui est allé prévenir la police?
8 Qu'est-ce que Pierre a fait pendant l'absence de son frère?
9 Pourquoi l'accidenté n'a-t-il plus rien dit?
10 Quelle espèce de chauffeur est un "chauffard"?

49   UN CHIEN CAPRICIEUX

1 Quel est le caractère de Kiki?
2 Comment le soldat est-il habillé quand il vient voir ses parents?
3 Pourquoi l'aviateur ne vient-il plus chez la famille de Kiki?

4   Quand est-ce qu'on avait l'habitude d'enfermer Kiki dans la cuisine?

5   Pourquoi était-il difficile de protéger les employés du gaz ou de l'électricité?

6   Qu'est-ce qui coûtait cher?

7   Pourquoi menaçait-on de couper le gaz et l'électricité?

8   Pourquoi a-t-on refusé de tenir Kiki enchaîné ou muselé?

9   Qui a eu l'idée d'avoir un placard dans le mur du jardin?

10   Qu'est-ce qu'on a mis dans le placard?

50   LA PUISSANCE DE L'HABITUDE

1   Pourquoi les autoroutes d'Allemagne et d'Italie plaisaient-elles à Monsieur Dupré?

2   Qu'est-ce que sa femme lui a conseillé de faire quand il conduisait en Angleterre?

3   A quoi s'occupait-il quand elle lui a parlé?

4   Que faisaient les chauffeurs qui le croisaient?

5   Qu'est-ce qui se vend à une station-service?

6   Pourquoi l'essence a-t-elle arrosé le trottoir?

7   Qui a eu de la fièvre?

8   Quel thermomètre marque la température de la vapeur d'eau bouillante à deux cent douze degrés?

9   Quelle division du thermomètre centésimal (centigrade) correspond à la température de la glace fondante?

10   Pourquoi Monsieur Dupré n'a-t-il pas réussi à commander un verre d'eau-de-vie?

51   LES BAVARDS

1   Qui parle le plus, Monsieur Lebrun ou sa femme?

2   Qu'est-ce qui arrive si on dîne chez les Lebrun?

3   Que veut dire "passer une nuit blanche"?

4   Où est-ce que l'arrêt d'autobus est situé?

5   Pourquoi les femmes étaient-elles chargées de paquets?

6   Décrivez le monsieur qui parlait au jeune homme.

7   Qui était tombé sur le passage clouté?

8   Quelle sorte de souliers portait-elle?

9   Qu'est-ce que les bavards ont discuté à la suite de cet incident?

10   Pourquoi l'autobus qu'ils attendaient ne s'est-il pas arrêté?

52   IL FAUT TOUJOURS PRÊCHER D'EXEMPLE

1   Quand est-ce que la mère et sa fille sont allées demeurer à Perpignan?

2   Combien de temps passait-on à Canet?

3   Décrivez la plage.

4   Comment est-ce qu'on passait le temps à Canet?

5   Quelle montagne voyait-on de Canet?

6   De quoi l'oncle Édouard parlait-il souvent à sa petite nièce?

7   Qui ne voulait pas l'écouter?

8   Qu'est-ce qu'on met sur la peau pour éviter des brûlures?

9   A quoi servent les lunettes solaires?

10   De quelle couleur était le parasol?

11   Qu'est-ce que l'oncle Édouard est allé faire sur la plage?

12   Qu'est-ce que l'oncle Édouard aurait dû garder sur la tête?

13   Pourquoi a-t-il attrapé un coup de soleil?

53   LA VIE DE CAMPAGNE

1   Quelles sont les particularités de son pays qui rendent la vie difficile au fermier cévenol?

2   De quoi gagne-t-il sa vie?

3   Que pense-t-il des co-opératives agricoles?

4   En quoi la maison est-elle bâtie?

5   De quels appareils modernes la fermière se passe-t-elle?

6   Quand se sert-elle d'un baquet?

7   De quelles bêtes la fermière s'occupe-t-elle?

8   Où est-ce que les enfants du fermier désirent travailler?

9   Où est-ce qu'on lit des annonces?

10   Qui sera probablement le nouveau propriétaire de la ferme?

54   TOUT EST BIEN QUI FINIT BIEN

1   Quel est le caractère de Guillaume?

2   Quel est le caractère de sa fiancée?

3   Où est-ce que la cérémonie religieuse du mariage devait se faire?

4   Quelle sorte de travail le jeune homme faisait-il?

5   Où est-ce que Jeannette travaillait?

6   Quel était son poste?

7   Qu'est-ce qui est arrivé à l'usine trois jours avant la date du mariage?

8 Comment Guillaume a-t-il profité de la grève?
9 Combien de temps la grève a-t-elle duré?
0 Avec qui Jeannette s'est-elle mariée enfin?

55 UN CADEAU IMPRÉVU

1 Pourquoi les amis de Monsieur Duval le trouvaient-ils sympathique?
2 Pourquoi sa femme lui a-t-elle demandé de faire frapper une médaille?
3 Quelle inscription grave-t-on sur une médaille de baptême?
4 Pour qui était l'autre médaille?
5 Qui devait tenir l'enfant dans ses bras pendant la cérémonie?
6 Combien pesait le bébé?
7 Qu'est-ce que Monsieur Duval devait admirer?
8 Quel cadeau le parrain a-t-il offert?
9 Qu'est-ce qu'il allait distribuer aux invités?
0 Pourquoi la mère est-elle restée ébahie après avoir lu l'inscription gravée sur la médaille?

56 UN PHOTOGRAPHE IMPOLI

1 Pourquoi François voyageait-il?
2 De quoi Monsieur Lachasse n'était-il pas content?
3 A qui François a-t-il dit de s'en aller?
4 Pourquoi a-t-il dit qu'il aurait peut-être à refaire la photo la semaine suivante?
5 Envers quel homme d'État François s'est-il montré impoli?
6 Qu'est-ce que le ministre a donné au photographe?
7 Qui est-ce que François allait voir?
8 Pourquoi François est-il riche?
9 Qu'est-ce qu'on craint chez François?
0 Que faut-il faire pour être à la mode?

57 LE RÉVEILLON

1 Qu'est-ce que les Martignac avaient envie de faire?
2 Quelles choses dont ils auraient besoin pour le réveillon leur manquaient?
3 Comment pouvaient-ils avoir ces choses sans les acheter?
4 Combien d'adresses y avait-il dans le journal?

5   Qu'est-ce que Geneviève a fait le 5 décembre?
6   Que veut dire "argenterie"?
7   Où est-ce qu'on porte une perruque?
8   Qu'est-ce que Geneviève voulait louer pour elle? Et pour Robert
9   Quelle sorte de musique allait-on écouter?
10 Qu'est-ce qu'un menu?
11 Comment était la nappe?
12 Qui l'avait possédée auparavant?
13 De quoi la salle serait-elle ornée?
14 Pourquoi les livraisons ne se sont-elles pas faites?

58   QUI SAIT?

1   Qui s'intéresse surtout aux problèmes de la nature?
2   Qu'est-ce que les saumons reconnaissent?
3   A quoi sert une boussole?
4   Pourquoi les saumons retournent-ils à leur rivière d'origine?
5   Quel temps préfèrent-ils?
6   Que font-ils quand ils voyagent de nuit?
7   Quels oiseaux se guident sur le soleil?
8   A quel poisson est-ce qu'on donne des leçons de conversation?
9   Expliquez ce que veut dire le mot "vraisemblable."
10 Qu'est-ce que c'est que l'UNESCO?

59   UN CONTRE-SENS

1   Combien de fois la dame avait-elle visité la France avant de fair
    la connaissance de Louis?
2   Dans quelle région de la France demeure-t-elle?
3   Quelles études avait-elle faites à l'université?
4   Pourquoi est-ce que ses livres anciens ne servent pas à grand-chos
    dans la vie moderne?
5   Pourquoi Louis a-t-il été obligé de laisser sa femme bientôt aprè
    leur mariage?
6   Qu'est-ce qu'il a voulu trouver?
7   Pourquoi sa femme a-t-elle été encore plus désolée?
8   Qu'est-ce qu'elle croit qu'elle ne saura jamais faire?
9   Quels pays avez-vous visités?
10 Si vous pouviez choisir deux patries, quels pays voudriez-vou
    choisir et pourquoi?

60 CELA NE VA PAS DE SOI

1 Quand est-ce que l'étudiant anglais est allé à Paris?
2 De quoi les deux amis parlaient-ils?
3 Pour qui faisait-on les cours dans le centre que Richard a visité?
4 Nommez deux pays desquels ces étudiants étaient originaires?
5 Combien de temps les étudiants mettaient-ils à apprendre à parler français?
6 Qu'est-ce qu'on met sur un magnétophone?
7 Pendant les leçons qu'est-ce qu'on regardait?
8 Qu'est-ce qu'on répétait?
9 Où est-ce que les étudiants allaient après la leçon de trois heures?
10 Qu'est-ce que Richard a décidé qu'il fallait toujours faire si on voulait faire des progrès?

V Questions in English for First Year

1 SUR LA COTE BRETONNE

1 Give two facts about the position of Charles's flat.
2 What is the chief difference between the kitchen in his flat and the one in his villa?
3 How long will the Breton holiday last?
4 Name one of the boundaries of Brittany.
5 What noise does Charles have to suffer even on the beach in Brittany?
6 What went wrong in the kitchen in the villa?
7 How did Charles make matters worse?
8 What was his wife's reaction to his attempts to be helpful?
9 What did she say he should take the children to see?
10 What do Bretons sell from door to door in England?
11 Why is the 14th of July an important date for French people?
12 Mention two important cross-channel routes.

2 DANS LE MIDI

1 Which region of France does the writer come from?
2 Why does he, together with his compatriots, like the south?
3 Where is Cassis situated?
4 Why is it famous?
5 Why was there no sea-trip after all?
6 What was the first topic of conversation?
7 What is the Tour de France?
8 Which other French pastime is referred to in this story?
9 Where were the writer and his new friend to meet the next day?
10 What attitude to life does the Southerner have in France?

3 DESTINATION TANGER

1 From whom does Monsieur Claude Ampère claim to be descended?
2 Describe the town where Monsieur Ampère was born.
3 Why did he go abroad?
4 What had his wife to do while he was away?
5 What did Monsieur Ampère not like in Nice?

How did he travel from Nice to Madrid?
What climate did he find in Spain?
Why did he see nothing on the journey from Malaga to Tangier?
What were his first impressions of Tangier?
What particular noises made him decide to leave so quickly?

4 DÉFENSE DE KLAXONNER

What was the lady's nephew now able to do?
When did the lady get her driving-licence?
What sort of person was her friend?
Why did the car have to stop?
When they set off again, what was wrong with the car?
What did the noise sound like?
How old was the man mentioned in the newspaper?
What caused the noise from his car?
Why did he hear nothing?
What is "le code de la route"?

5 DANS LE MÉTRO

Why did Achille come to Paris every year?
Name two aspects of family life in France.
In what ways is Achille naughty?
What do Jacqueline's friends think he is like?
How long did he stay in the Underground?
How was he rude to the booking-clerk?
Where did he stand like a sentinel?
What did he do on the platform?
What was in the old lady's basket?
Why was the old lady upset?
What do you think were Achille's real feelings?
When did he write?
What does he hope to do next year?
When is the platform barrier closed in the Métro?

6 LES LEÇONS DE L'EXPÉRIENCE

What means of transport does Robert prefer?
What parts of France does he know?
When does he take his daughters riding?

4   Why does he not help hitch-hikers?
5   Why was he returning to Toulon?
6   What sort of journey was he afraid of?
7   Who is Jacques?
8   What kind of work does he do?
9   What is "un avion à réaction"?
10 How did Robert spend his time on the plane?
11 What was the weather like?
12 What made the journey uncomfortable?
13 In what part of France is Toulon?

7 UN PETIT HOTEL

1   What does Monsieur Ravel like doing?
2   Where did he spend his holiday last autumn?
3   What is "la pelote"?
4   What kind of trees grow near Bordeaux?
5   How does one know that it was not a luxury hotel?
6   For what is Arcachon more famous than most other places in Franc‹
7   Describe two things Monsieur Ravel enjoys eating.
8   What was the hotel's only disadvantage?
9   Why had Monsieur Ravel gone out?
10 What would he have liked to drink?
11 Why did the dog fail to waken its master?
12 What should the hotel owner have remembered to do?

8 L'HOTEL DES INVALIDES

1   What does one person in the story think is the ugliest building i
    Paris?
2   Where was Eiffel born?
3   What is to be found in l'Hôtel des Invalides?
4   Who is "le petit Corse"?
5   Why is he called that?
6   Give three examples of the ways in which the emperor modernize
    Paris.
7   Give two examples of his skill as a financier and legislator.
8   What do we know of his dedication to hard work?
9   Give two examples of famous works to be found in the Louvre.
10 Why is l'Arc de Triomphe de l'Étoile called that?

9 UN JARDIN DE BANLIEUE

1 Where does the father work?
2 Who is the most practical member of the family?
3 What is the father's attitude to gardening?
4 Who mows the lawn?
5 Why do you think a vegetable garden is called "un jardin potager"?
6 Give two examples of herbs mentioned.
7 How does one use "un bouquet garni"?
8 What is the weather like at Nîmes most of the time?
9 How many trees are there in this garden?
10 What did the mother buy in town?
11 Why does one go to "une librairie"?
12 "Des soucis" in this story are "marigolds." What other meaning might these words have?
13 What did the mother decide to do on her return from town?

10 LE JARDIN DU LUXEMBOURG

1 Where is the Jardin du Luxembourg?
2 When did the young student stroll there?
3 What was she studying?
4 When did she revisit the garden?
5 What were the gardeners doing?
6 What did she buy to eat?
7 What was the little boy's mother busy doing?
8 What games were the children playing?
9 What did the little boy try to do?
10 What happened to him?
11 What were his mother's feelings?
12 Why does the writer admire the French?
13 Why does the writer like them?
14 What is the Sorbonne?

11 UNE ESTHÉTICIENNE

1 What post did Brigitte take in Paris?
2 Who is Mireille?
3 What does she recommend as well as exercise for slimmers?
4 What treatment mentioned takes an hour?
5 When must one have "une mise en plis"?

6   What kind of pencils are meant?
7   On what coast did Brigitte spend her holidays?
8   What did she want to forget?
9   How did she wear her hair on holiday?
10 What kind of diet did she have?
11 Describe the woman who was staying in the same hotel.
12 What advice did the woman offer her?
13 Name some French perfumes.

12 UN DON JUAN

1   What did Paul dislike doing when he was small?
2   How old is he now?
3   How long does he spend in the bathroom?
4   What does he do every morning?
5   What does he buy every week?
6   What suggests that Paul's uncle is generous?
7   Why are Paul's shoes never dusty?
8   How often does he have a clean shirt?
9   When does Paul's father become angry?
10 What invitation did his mother give?
11 How long did his father stay in the bathroom?
12 What reason did he give?

13 UNE BONNE A TOUT FAIRE

1   When did Louise leave her native town?
2   What story does she tell the three sons?
3   Who was supposed to be her famous ancestor?
4   What kind of person is Louise?
5   Name two ways in which she was unsatisfactory as a servant.
6   What did the eldest boy like reading?
7   Who was Josephine?
8   What happened at Waterloo?
9   In what century did Napoleon die?

14 ÉLECTRICIEN OU PLOMBIER

1   What kind of lighting is there in the old house?
2   Why does one have to wear a fur coat inside this house?

3 Say exactly where the house is situated.
4 What is the name of the electrician?
5 What kind of work is he good at?
6 What happened when he replaced a fuse?
7 What kind of book was Jules reading?
8 How did he manage to see the book?
9 What did Jules suggest his wife should do?
10 Name a French scientist important for his discoveries concerning electricity.

15 UN CHEZ-SOI

1 What kind of work did Charles do?
2 What kind of flat had the Dubois?
3 How long had they been living in it?
4 Why did Françoise find it tiring?
5 How did Charles react to Françoise's suggestion?
6 Whom did Françoise go and see about the new house?
7 How long did it take to build the house?
8 What four pieces of furniture did Françoise buy?
9 When would they have money to buy more?
10 Where would the money come from?

16 UNE SALADE "GARNIE"

1 Whom did the party consist of?
2 At what time of year were they in Paris?
3 What did they think of the meals in the students' restaurant?
4 What do most of them seem to have eaten and drunk most of the time, at least for the first week?
5 When did Robert make up his mind to have some salad?
6 What are the three important stages in the preparation of an ordinary French salad?
7 Where was the caterpillar?
8 Who was the first to see it?
9 What action did Robert take?
10 What happened to him when he found the waitress?
11 What was the waitress's reaction when Robert showed her the caterpillar on his fork?
12 What is "la Cité universitaire" in Paris?

17   UN REPAS MANQUÉ

1 What kinds of camping had the Moreau family already tried?
2 How was the camping holiday in England to be different?
3 Which exhibition did the family visit in May?
4 What were the special features of the "cuisinette"?
5 Where was the family in July?
6 Describe their car.
7 How did the children help their mother to get the meal ready?
8 What was their father doing?
9 What did Madame Moreau ask for?
10 Why was there no hot meal after all?

18   ENTENTE CORDIALE

1 What country were the tourists visiting?
2 Where exactly were they sitting?
3 From what countries had they come?
4 How did they show that they were homesick?
5 Where was the policeman?
6 What precisely was he doing?
7 What happened to the motor cycle?
8 Whose jokes had no effect on the tourists?
9 What was on the waiter's tray when he came back?
10 What did the waiter suggest they should all do?

19   LA PÊCHE OU LA CHASSE

1 What do the twins do after the death of their father and mother?
2 Who is Henriette?
3 Why has she to be diplomatic?
4 What do Albert and André do every Sunday?
5 Describe André's return home.
6 Who helps Henriette to carry out her scheme?
7 How does he help?
8 Why does that scheme break down?
9 What is the effect on the behaviour of the brothers?
10 How does Henriette rise to the occasion?
11 What kind of dish do you think "truite au bleu" is?
12 What is "sole meunière"?

20   L'ART

1   What was the artist's father?
2   What is Sèvres famous for?
3   Why is the Sainte-Chapelle famous?
4   Where is it?
5   What does the writer tell you about the Seine?
6   Who is the most famous French sculptor?
7   How did the artist manage to live?
8   Explain why he decided to do an oil-painting.
9   Why did he throw his picture on the floor?
10 Why did he go out?
11 Describe the cat before and after its adventure.
12 Explain why the artist is now having a successful career.

21   DE LA MUSIQUE AVANT TOUTE CHOSE

1   By what means can an arm-chair traveller be transported in his imagination to different countries?
2   Why is there no need for words?
3   Name four musical instruments which are usually associated with particular countries and indicate which countries.
4   What features of these four countries are brought to mind?
5   Why is the guitar no longer typical of just Spain?
6   What does the statue the old lady saw represent?
7   Where is the Vatican museum?
8   What kind of music does the old lady not like?

22   LE CYCLISME

1   What is one of the most popular sports in France?
2   What is the difference between "le bowling" and "le jeu de boules"?
3   What is the Tour de France?
4   Where does a local cycle-race usually finish?
5   What kind of a race is the Coupe des Alpes?
6   In what part of France did the writer see an amusing cycle-race?
7   Why did the competitors stop every twenty kilometres?
8   Who usually receives the "yellow jersey"?
9   Why would the writer have awarded it to the starter?
10 What did the supporters in cars have time to do?

23 L'ATHLÉTISME

1 What does the grandmother have to do in the Mathurin family?
2 Who is chiefly interested in football?
3 To whom does Monsieur Mathurin offer advice?
4 Why does the mother prefer tennis?
5 What is Thérèse's chief topic of conversation?
6 Whom does her sister admire and why?
7 What is "la brasse sur le dos"?
8 What does Victor talk about?
9 Which athletes have won Stéphan's admiration?
10 What qualities does Stéphan appreciate most?
11 What does the grandmother say their house is like?
12 What ultimatum did she issue?
13 When would one usually hear the orders she gave?

24 LES SPORTS D'HIVER

1 In which mountains does the writer spend his winter holidays?
2 What winter sports does he enjoy besides skiing?
3 In which sport has he little or no interest?
4 Describe the weather.
5 What risks does one run when skiing?
6 What occasions does the skier find unforgettable?
7 Describe what the skier looks like in the air.
8 What other sport does he think may interest him one day?

25 L'ENCHANTEMENT DU CIRQUE

1 Where had Paul's mother promised to take him?
2 Where did Richard live, and how old was he?
3 What had Richard told Paul about the ring-master?
4 What else had he told him about the beginning of the performance?
5 What did Paul do before going into the big top?
6 Describe the girl with the horse.
7 Whom was Paul anxious about?
8 How did his mother try to reassure him?
9 What did the performing dogs do?
10 Who had a whip?
11 What are you told about the appearance of the clowns?
12 What proved to Paul that his mother was enjoying herself?

26 CINÉMA OU THÉÂTRE?

1 What special day had Catherine read about?
2 Who went to the Galeries Lafayette, and why?
3 What was the choice offered to the children's mother?
4 What kind of films did Madame Bergerac like?
5 What did the children argue about?
6 What preference was expressed by the twins?
7 What was the reason for their choice?
8 Who put an end to the argument?
9 What was the suggestion that satisfied everybody?
10 Why was there to be a family outing on June 18th?

27 UN PETIT MARCHÉ DE PROVENCE

1 Where had the student decided to spend Christmas?
2 What did she miss?
3 What was she studying?
4 What shopping did she do?
5 Where was the young market-gardener?
6 What was he selling?
7 What had been brought in a lorry?
8 Why did the student remain speechless?
9 What kind of lodgings had she?
10 Once back in her room how did she try to express her gratitude?
11 Where had she bought the little clay figures for the Christmas crib?
12 Say what you know of Marseilles and the Canebière.

28 UN SUPERMARCHÉ

1 From what part of France did the family come?
2 Who did the shopping?
3 In what respect is Madame Ricard said to be like the postman?
4 Where did she buy her bread in the past?
5 What kind of a shop is "une alimentation générale"?
6 Where was the supermarket?
7 Name two things Madame Ricard saw on the shelves in the supermarket.
8 How long does her shopping take her now?
9 What was the chief disadvantage for Madame Ricard of shopping in the supermarket?

29 CHEZ LE DENTISTE

1 What was Alain's surname?
2 Why did people find him so trying?
3 At what time of year did this story take place?
4 When did Alain begin to cry?
5 Why was he crying?
6 Why did his parents take no notice at first?
7 What drove his mother to action?
8 What did she insist on doing?
9 How did they get a taxi?
10 How was Alain taken to the front door?
11 Why was the dentist angry?
12 What did he agree to do?
13 Why were Alain's father and mother surprised?
14 What broke the silence?
15 What happened in the dentist's surgery?

30 UN INCENDIE

1 What could Monsieur Fallet see through the half-closed shutters?
2 Where was the fire?
3 Why were the other buildings in danger?
4 How did Monsieur Fallet rouse the other people in the flats?
5 What two tasks did the firemen immediately set themselves?
6 How were the people living on the upper floors rescued?
7 What parts of the block of flats were soaked with water?
8 What noises could be heard?
9 What was the situation at dawn?
10 Why was the old lady surprised and delighted?

31 DES EXCUSES DE DIPLOMATE

1 What is Chantal's chief defect?
2 What does her mother do when Chantal has been naughty?
3 Why did Chantal go to her mother's room?
4 What were the two valuable things she talked about?
5 From what countries had they been brought?
6 Why had Chantal gone to the kitchen?
7 Who is Tigui?
8 What was in the bowl?

9 Why was there no cream left?
10 What two qualities does Chantal's mother admire in her daughter?

32 AU BUREAU DE POSTE

1 Where was Jo staying?
2 What did she want to do?
3 Why did she persist in her idea?
4 What did she notice when she went to the post office?
5 Which items are mentioned particularly as being weighed?
6 Describe the clerk who served Jo.
7 Why could Jo not send a telegram?
8 What did she do with her pen?
9 When did she go back to the post office?
10 Whom did she look for?
11 What made her feel disappointed?
12 What was the clerk doing when he re-appeared?

33 LES ANIMAUX ABANDONNÉS

1 At what time of year are many people said to find their pet animals a nuisance? Why?
2 What happens to some pets in these circumstances?
3 What kind of damage can these stray animals cause?
4 What characteristics of cats are mentioned?
5 How are stray cats helped to survive?
6 What characteristics of dogs are mentioned?
7 What is likely to happen to most of the dogs that have been abandoned by their owners?
8 In which country does the S.P.A. operate?
9 What words do the initials S.P.A. represent?
10 Describe the comforts provided in the most expensive boarding kennels.

34 LES JEUNES GENS

1 For whom is Thursday afternoon a holiday in France?
2 Where do young people often spend their time?
3 Whom do they discuss?
4 What is David interested in?
5 What does the father suggest he should do?
6 What does the father suggest Christine should do?

7   How must she start?
8   What does David do now on Sunday mornings?
9   How does his family react to this?
10 What is the family forced to do as a result of Christine's efforts?
11 Why will writing and sewing perhaps be suggested by the parents as more suitable hobbies?

35 SUR L'EAU

1   What did the brothers enjoy doing?
2   Why did they decide to go to the island?
3   What kind of boats did the boys hire?
4   Which of the boys was alone in his boat?
5   Was Martin rowing quickly or slowly?
6   Who was steering the rowing boat?
7   Describe what the boys could see when they looked up.
8   When did Martin shout?
9   What did Roger do when he woke up?
10 Where was Jérôme after the collision?

36 NUL N'EST PROPHÈTE DANS SON PAYS

1   Where did François go to school?
2   What career did he take up?
3   What is *La Société Générale*?
4   What did he decide to do last year that surprised his wife?
5   What did he want to do with the box-room?
6   What criticism did his wife offer?
7   How did he spend part of every Sunday?
8   What encouraged him?
9   When had he nearly finished his masterpiece?
10 Why did he leave his study?
11 What did his wife rush to do?
12 What happened to his masterpiece?
13 What consolation did he have?

VI Questions in English for Second Year

37 UN SÉJOUR EN PROVENCE

1 In which region did the two friends spend their summer holidays?
2 Why did Madame Leroux leave her villa in summer?
3 Why had a cypress hedge been planted?
4 How many fruit-trees were there in the garden?
5 From where could they see the Mont Sainte-Victoire?
6 What colour contrast was there in the landscape?
7 What aromatic plants grew on the hillsides?
8 Where did Monique and Jeanne go every evening?
9 What do you learn about the balconies of the old houses?
10 Describe the villa's chief occupant.
11 Where did Agathon eat?
12 Why did Agathon's meal have to be increased?

38 UN VOYAGE DE NUIT

1 When had Émile and Jules gone to the station?
2 What was their destination?
3 Where was their luggage?
4 What information about the train at platform 3 was being announced?
5 Where had Émile gone?
6 What was he pulling along when he came back?
7 What made the train so long?
8 What did the boys do with their luggage as soon as they had found seats?
9 What was the old man holding?
10 Why did the American passengers leave the compartment when they heard a voice in the corridor?
11 What did the old man do with his bag when the train stopped at a station?
12 When did he open the bag?
13 What was in it?
14 What woke people up in the middle of the night?
15 Why were Émile and Jules angry?

39 NOTRE HÉRITAGE

1 Which part of France is famous for its castles?
2 What kind of work does the husband do?
3 Which is the biggest of the castles?
4 What did Louis XIV do at Chambord?
5 What did Raoul like at Loches?
6 Which is the mother's favourite castle?
7 Which famous people first met at Chinon?
8 What is Saumur famous for?
9 What were the Americans going to do in Raoul's dream?
10 Which of his parents does Raoul seem to take after?

40 AU JARDIN ZOOLOGIQUE

1 Why was there hardly anyone out in the gardens?
2 Describe the flower-beds.
3 What were the ducks doing?
4 Who had brought Gérard to the zoo?
5 Which animals would he have liked to ride?
6 Which animals had he found funny?
7 Why was Gérard alone with the ducks?
8 What was he wondering about?
9 What did he do with the wood and dead leaves?
10 Why did he want his father's cigarette-lighter?

41 LA MODE

1 Who creates fashion?
2 Compare today's clothes with those of your parents.
3 Whom do the girls try to imitate?
4 How?
5 What are boys wearing instead of grey flannel?
6 What is "un pantalon tube"?
7 What is "un jabot" made of?
8 How long are skirts according to the account?
9 Describe the shoes in fashion.
10 Mention two of the accessories one might wear.
11 Name any two famous French dress-designers.

42 LA CONQUÊTE DE L'ESPACE

1 What does the little boy want to be?
2 Why does he think it a suitable aim?
3 What kind of journeys are mentioned?
4 What kind of films are popular now?
5 What do you think someone is like if he has "une tête de linotte"?
6 What other kind of research is carried out?
7 What is done by means of the new giant telescopes?
8 Name two aims of medical research.
9 What is the most important lesson for man to learn?

43 UN FESTIN

1 What was Jean always praising?
2 What is an "apéritif"?
3 Name two French apéritifs.
4 What do you prefer as hors-d'œuvre?
5 What was said to be the mother's speciality?
6 What did she put in it as well as red wine?
7 Describe the ice-cream.
8 What is a "cordon bleu"?
9 What mistake had Madame Lenoir made?
10 In what part of France do you have the best pâtés?

44 L'ALPINISME

1 Of what nationality was the climber?
2 What dog did he resemble? Why?
3 How did he earn his living in the mountains?
4 Where exactly were the Americans he failed to save?
5 Where was he forced to spend the night?
6 Who saved the Americans eventually?
7 What caused his injuries on another occasion?
8 What climb did he attempt last July?
9 Why did he attempt it?
10 Where is the Aiguille du Dru?

45 LE PARACHUTISME SPORTIF

1 Why has Biscarrosse become well-known?
2 What facts suggest that parachute-jumping is a popular sport in France?

3 What was done for the first time during the television broadcast from Biscarrosse?
4 Describe the action of the parachutist on touching the ground.
5 How can a beginner practise before attempting a jump from a plane?
6 Which of the two parachutes is more frequently in use?
7 How great is the risk of the parachute tearing?
8 In what circumstances is the red handle pulled?
9 What makes the release of the reserve parachute more complicated?
10 What kind of people does parachute-jumping appeal to?

46 LE PÈLERINAGE DES SAINTES-MARIES-DE-LA-MER

1 When are there battles of flowers at Nice?
2 Where are there Easter performances of "Son et lumière"?
3 Why is the 14th of July celebrated?
4 What is "un pardon breton"?
5 Why did the writer want to see the town of Saintes-Maries-de-la-Mer?
6 When did she go there?
7 What is the Camargue?
8 What animals did they see?
9 Why could they not visit the church?
10 Whose patron saint was Sarah?
11 What music could be heard?
12 What is "une farandole"?
13 How did the friends feel when they set off for Arles at the end of the day?
14 Why did they stop on the way back?
15 What birds did they see?
16 What sight impressed them most?

47 DANS LES GRANDS MAGASINS

1 When did Monsieur Colbert go abroad?
2 How long did he stay in Geneva?
3 Why was he pleased during his stay?
4 On what lake does Geneva stand?
5 How did he spend his last day there?
6 Why did he not buy any furs or scent?

7 What was Jules's present made of?
8 What did the father think about when buying Jeannette her present?
9 Why did the father buy Jean-Claude his particular present?
10 In which countries were the presents for Marisette, Jules and Jean-Claude made?
11 Where will one have to go soon to find something new?
12 What is a "cosmonaute"?

48 UN ACCIDENT

1 In what respects was this a typical November night?
2 What made the streets slippery?
3 Where were Jacques and Pierre when they saw the man in the road?
4 What seemed to have happened to the man?
5 When did the man regain consciousness?
6 What, in Pierre's opinion, were the man's injuries?
7 Why did Jacques go to the telephone-box?
8 What did Pierre do for the injured man?
9 Why was Pierre unable to talk to the man any more?
10 What did the police find out about the cause of the accident?

49 UN CHIEN CAPRICIEUX

1 What is Kiki's attitude to uniforms?
2 What has been the effect of this attitude on the soldier brother of the story-teller?
3 Why does the story-teller's cousin no longer visit the family?
4 When was Kiki shut in the kitchen?
5 What seems to have happened to the gas man and the electricity man?
6 What had proved to be very expensive?
7 Why were there threats to cut off the gas and electricity?
8 What suggested remedies were turned down by Kiki's family?
9 Whose idea solved the problem?
10 Explain fully why a hole was made in the garden wall?

50 LA PUISSANCE DE L'HABITUDE

1 Why did Monsieur Dupré like driving in Germany and Italy?
2 What was his greatest difficulty about driving in England?

3 According to his wife, where did he usually drive?
4 What calculations had he to make when working out distances in England?
5 What did the drivers of cars coming in the opposite direction keep calling out to him?
6 What difficulty did he experience at the garage?
7 What happened to the petrol?
8 Who had a high temperature?
9 Which thermometer shows a freezing point of 0°?
10 Why was Monsieur Dupré prevented from ordering a glass of brandy?

51 LES BAVARDS

1 What gives the writer a headache when he has dinner with Monsieur and Madame Lebrun?
2 Where does the writer work?
3 Who was in front of him at the bus-stop?
4 Where had these people been?
5 Describe the people standing behind the writer in the queue.
6 How long had they been waiting when the taxi stopped suddenly?
7 Where had the girl fallen?
8 What did the two men begin to talk about after this incident?
9 Why did they not see their bus coming?
10 What was their topic of conversation after the bus had gone past?

52 IL FAUT TOUJOURS PRÊCHER D'EXEMPLE

1 Where did the girl and her mother go to live after her father's death?
2 What features of Perpignan are mentioned?
3 Where is Canet?
4 Which mountain-range is near it?
5 What did the little girl listen to?
6 To whom did Uncle Édouard speak about sun-tan cream?
7 Who was questioned about sun-glasses?
8 For whom had Uncle Édouard bought a sunshade?
9 What was the little girl doing with her shoes?
10 What reminder was given to Uncle Édouard before the rest of the party went shopping?

11 Where was he when the others came back?
12 Why had he gone to the beach?
13 What had happened to his hat?
14 Why did he stay out in the sun and with what result?

53 LA VIE DE CAMPAGNE

1 Why is life hard for a farmer in the Cévennes?
2 What is his attitude to holidays?
3 What does he think about modern methods of farming?
4 What has the farmer's wife to use for cleaning, washing, storing food, and cooking?
5 For which farm tasks is she responsible?
6 What kind of work do the farmer's sons and daughters want to do?
7 Where will the farm be advertised for sale?
8 What kind of person will probably buy it?

54 TOUT EST BIEN QUI FINIT BIEN

1 What kind of person is Guillaume?
2 In what respect is Jeannette typical of people who come from Normandy?
3 How many wedding-ceremonies were arranged?
4 Where was the reception to be held?
5 What was Guillaume's job? And Jeannette's?
6 When did the strike begin?
7 On what pretext did Guillaume break off the engagement?
8 Why was there really no need to put off the wedding?
9 How long did the strike last?
10 What happened nine weeks after the strike had begun?

55 UN CADEAU IMPRÉVU

1 What was likeable about Monsieur Dupré?
2 What faults had he?
3 Why did his wife ask him to have a medal struck?
4 What was to be engraved on it?
5 For whom was the second medal intended?
6 Who was to hold the baby at the christening?

7 What did Madame Dupré tell her husband to be sure to bring to the christening?
8 Who brought a gold chain for the baby?
9 What were the guests going to be given?
10 Why was the baby's mother dumbfounded when she read the inscription on the medal?

56 UN PHOTOGRAPHE IMPOLI

1 Did the photographer live in the north or the south of France?
2 What kind of people did he photograph?
3 What was Monsieur Lachasse dissatisfied with?
4 Who was to be photographed with her fiancé?
5 Why did François say that he might have to take the photograph all over again the next week?
6 What was his attitude towards the Home Secretary?
7 How do you think the Home Secretary must have looked usually?
8 What was the photographer to take to the Leader of the Opposition?
9 Why is François a rich man?
10 What is the fashionable thing to do?

57 LE RÉVEILLON

1 How many people did the Martignacs want to invite?
2 For what reasons was it going to be difficult to have so many guests?
3 How could they get the things they needed without having to buy them?
4 How many addresses were given in the newspaper?
5 What did Geneviève do on December 5th?
6 Which of the things advertised did she decide to do without?
7 What personal things did she want to hire for herself and Robert?
8 What kind of music would they have for the party?
9 Who was given the letters to post?
10 Describe the table-cloth.
11 How had they got it?
12 What was the room going to be decorated with?
13 What did Geneviève ask Robert when the expected deliveries had not been made?
14 Where were the letters she had written?

58 QUI SAIT?

1 What does nature make one think of man?
2 What are salmon capable of?
3 How do they recognize the river to which they must return?
4 What kind of weather do they prefer?
5 How do they manage when it is dark?
6 What do penguins do every year?
7 How do they find their way?
8 What domestic animals are mentioned as having shown themselves capable of finding their way over long distances?
9 What fish are being taught to speak?
10 What is the English equivalent of "Le vrai peut quelquefois n'être pas vraisemblable"?

59 UN CONTRE-SENS

1 How many times had Louis's wife been to France before meeting him?
2 In what part of France does she live?
3 What did she study at the University?
4 Why was some of her reading of little practical use in everyday life?
5 What did she learn to do in France?
6 What is *l'eau de Javel*?
7 Why had Louis to leave soon after the wedding?
8 What was he looking for?
9 Why did his wife become even more depressed?
10 What did she think would be an impossibility for her?

60 CELA NE VA PAS DE SOI

1 Why did the student from England go to Paris?
2 What are the three skills one must acquire when learning a language?
3 For whom were the courses prepared at the centre Richard visited?
4 Name two countries from which the students came?
5 How long did they take to learn to speak French?
6 What technical aids were used in the classroom?
7 After seeing the film-strip, where did the students go to practise?
8 Say briefly what conclusions Richard reached.

Appendix

COMPREHENSION TESTS SET BY EXAMINING BOARDS

A. WRITTEN COMPREHENSION: C.S.E.

I *Associated Lancashire Schools Examining Board. May 1967*
Read the following passage which is NOT to be translated and then consider the statements which follow. Some of these are TRUE, some are FALSE, and with others it is NOT POSSIBLE TO SAY with certainty. Put a tick (√) in the column you consider to be appropriate.

GRENOBLE—HOST TO THE WINTER SPORTS OLYMPIC GAMES 1968

Grenoble n'est pas sans passé mais, à cause de ses industries, elle est née pour la deuxième fois en 1869. Alors, il n'y avait que 70.000 habitants, tandis qu'en 1964 il y en avait 170.000. En effet, sa population augmente de cinq pour cent chaque année. Elle est maintenant la onzième ville de France.

Située au cœur des Alpes, elle est un centre touristique et sportif. Les jeux Olympiques d'hiver y auront lieu du cinq au dix-huit février 1968; pour cela on fera beaucoup de changements qui coûteront sept cent cinquante millions de francs. On va construire des stades, un village olympique et un centre pour les journalistes de tous les pays. En plus, il y aura un nouvel Hôtel de Ville, et une Maison de Culture.

Ce budget est énorme. Est-il hors de proportion avec l'événement? Pas du tout. Les constructions serviront au public après les jeux Olympiques, car Grenoble est la ville de France dont le développement est le plus rapide.

	True	False	Not possible to say
1 Grenoble est une vieille ville.	....	....	....
2 Grenoble est devenue une ville industrielle vers la fin du dix-neuvième siècle.	....	....	....

	True	False	Not possible to say
3 En 1964, il y avait deux cent quarante habitants à Grenoble.			
4 La population se fait plus grande de 3 % par an.	....	....	....
5 C'est la première fois que les jeux Olympiques ont lieu à Grenoble.	....	....	....
6 Il y a douze villes en France plus grandes que Grenoble.	....	....	....
7 Grenoble est dans les montagnes.	....	....	....
8 Les jeux Olympiques dureront 23 jours.	....	....	....
9 Les changements dans la ville coûteront 750.000.000 francs.	....	....	....
10 Ils feront construire sept stades.	....	....	....
11 Les journalistes viendront du monde entier.	....	....	....
12 On fera construire à Grenoble pour les jeux Olympiques de nouveaux bâtiments publics.	....	....	....
13 Le budget est hors de proportion avec l'événement.	....	....	....
14 Le développement de Grenoble n'est plus rapide.	....	....	....
15 On invitera sept cent cinquante journalistes.	....	....	....
	....	....	....

II *East Anglian Examinations Board. May 1967*

(*a*) Mode 1—North

Read the following story. Then answer the questions in the language of the questions (Questions (*a*) to (*f*) in English, Questions (*g*) to (*l*) in French). The tenses of your answers should suit those of the questions. The answers need not always be full sentences but they should include all the points necessary to show that you have understood the story and questions.

A MODERN FAIRY TALE

Minuit avait déjà sonné à l'église du village et Pierre dormait. C'était un jeune garçon très calme et sans imagination. Les autres pouvaient bien croire au Père Noël ou aux fées, mais non pas lui! Soudain il s'est réveillé en sursaut. Quelqu'un avait tapé à la fenêtre de sa chambre ou c'était peut-être une branche agitée par le vent. Il a sauté en bas du lit et a mis les pieds sur le plancher glacial.

En regardant par la fenêtre il a vu d'abord la lune qui brillait. Tout était transformé dans le jardin. Puis sous les arbres sans feuilles il a vu trois formes noires qui dansaient en rond. Oui, sans doute c'étaient trois elfes. Pendant quelques minutes il les a regardés danser, puis se sentant très fatigué et les pieds glacés, il s'est couché de nouveau dans son petit lit où il a dormi jusqu'à sept heures.

Alors il s'est habillé à la hâte et il est descendu au jardin. Tous les matins il donne à manger à ses trois lapins — des feuilles de choux ou des carottes. En passant devant leur cage il a découvert que la porte était ouverte. Heureusement les trois lapins étaient toujours là. Je ne sais pas s'il comprend maintenant son aventure de la nuit. C'étaient les lapins qui dansaient au clair de lune.

(*a*) Describe Pierre as fully as you can (at least three points).

(*b*) Give two reasons which are suggested for the noise which awoke him.

(*c*) In which season do you think this story took place? Give two reasons if possible.

(*d*) State two things which he actually saw from his window and what else did he think he saw?

(*e*) What had someone evidently forgotten to do the day before?

(*f*) Why did he get into bed again (two reasons if possible)?

(*g*) Qu'est-ce que Pierre garde dans son jardin?

h) Que fait-il chaque matin?

i) A quelle heure s'est-il levé la première fois? Et la seconde fois?

j) Qu'est-ce que les lapins mangent?

k) Donnez une raison de la transformation du jardin pendant la nuit.

l) Comment savez-vous qu'il ne faisait pas très chaud dans la chambre de Pierre?

b) Mode 1—South

Read the following passage carefully, but do not translate it. Then answer in French the questions which follow. Your answers should be brief, but in the form of complete sentences. The tense and form of our answers should suit those of the question.

Jeanne Carpentier était au téléphone.

"Allô! allô! C'est bien le Docteur Duval? — Pouvez-vous venir chez moi tout de suite, Monsieur le Docteur? Le petit André est malade. — Une forte température. — Oui, je l'ai envoyé au lit immédiatement. Quand serez-vous ici? — Dans dix minutes. Bien. A tout à l'heure."

Elle a raccroché et s'est précipitée dans la chambre du petit. Il n'avait que trois ans, et il n'avait jamais été gravement malade. Jeanne l'a regardé avec anxiété.

"Maman, donne-moi à boire," lui a-t-il dit. "La gorge me fait mal."

Sa mère est descendue lui chercher un verre d'eau et pendant qu'elle tait à la cuisine, quelqu'un a sonné à la porte. C'était le docteur.

"Bonjour, Madame Carpentier. Comment va-t-il maintenant?"

"Rien de changé, Monsieur le Docteur. C'est surtout la gorge qui lui fait mal."

Après avoir examiné le petit garçon, le docteur a déclaré que ce n'était pas sérieux, et qu'André devait seulement rester au lit pendant deux ou trois jours. André n'était pas du tout content. Il voulait aller dehors jouer avec son ballon rouge.

"Si je dois rester ici, tu resteras toute la journée auprès de moi, Maman."

"Pas toute la journée, mon petit. J'ai beaucoup de travail à faire. Mais je monterai souvent, et je te lirai des contes. Je te le promets."

a) A qui Jeanne a-t-elle téléphoné?

b) Pourquoi a-t-elle téléphoné?

c) Quel âge André avait-il?

(*d*) Où était-il à ce moment?
(*e*) Où avait-il mal?
(*f*) Que faisait Jeanne quand le docteur est arrivé?
(*g*) Quel conseil le docteur a-t-il donné à Jeanne?
(*h*) Pourquoi André n'était-il pas content?
(*i*) Pourquoi Jeanne ne pouvait-elle pas rester toute la journée auprès de lui?
(*j*) Qu'est-ce qu'elle lui a promis de faire?

III   *East Midland Regional Examinations Board. May 1967*

Read through the following passage which is NOT to be translated. Answer all the questions in English, not necessarily in complete sentences.

Marks for each question are shown in brackets. (Total 20)

PROJETS DE VACANCES

Un groupe de quatre amis — deux jeunes filles et deux garçons — avait décidé de passer les vacances à faire, à bicyclette et à pied, un voyage vers le nord-est.

On s'était renseigné sur les auberges de jeunesse et enfin on avait choisi la Haute-Savoie parce que pour chacun d'eux c'était une région qu'ils n'avaient jamais visitée.

Tous les quatre habitaient Marseille et ils voulaient s'échapper au bruit de la grande ville, voir de vraies montagnes et de beaux lacs.

Les filles avaient établi l'itinéraire parce qu'elles ne pouvaient parcourir de très grandes distances chaque jour et elles avaient choisi des auberges bien situées quelquefois dans des villes, quelquefois à la campagne.

Comme nos amis devaient transporter tous leurs vêtements dans un sac-à-dos, ils durent choisir avec soin ce qu'ils allaient emporter pendant les quinze jours. Pour les deux garçons — pas de problèmes; pour les filles — de longues discussions. Enfin elles choisirent une robe, une jupe et des chemisiers pour les soirs et, pour le voyage, un pantalon sport et un chandail.

Enfin arriva le grand jour, le vingt août, et le groupe était prêt pour le départ, sous les regards amusés de leurs parents.

Les quatre pères crièrent:

"Bon voyage!"

Les quatre mères crièrent:

"Faites bien attention à la circulation sur les routes et revenez sains et saufs."

1 In what direction were they setting off? (1)
2 How were they going to make the journey? (2)
3 Where were the friends to stay at night? (1)
4 Why did they want to get away from Marseille, and what were they hoping to see? (3)
5 Who had organised the route, and what determined their choice of stopping places? (2)
6 What was to be the length of the holiday? (1)
7 What articles of clothing did the girls decide to take? (3)
8 What did they intend to wear during the journey? (2)
9 What date did they set off? (1)
10 Who watched their departure? (1)
11 What did the fathers call out? (1)
12 What two pieces of advice did the mothers give? (2)

IV *Metropolitan Regional Examinations Board. May 1967*
Read carefully the following passage. Then answer *in French*, as far as possible in your own words, the questions which follow the passage.

Il était évident que le vieil homme voulait parler. Il a rempli sa pipe et, quand il fumait tranquillement, il a commencé:

"Ton père était un homme courageux. Hiver comme été il sortait dans son petit bateau et ramenait chaque jour des poissons que ta mère vendait au marché. C'est comme ça que vous aviez assez d'argent pour vivre. Tu comprends que dans un petit village de pêche il n'y a pas beaucoup de travail, donc les gens sont assez pauvres. Toi et ta mère, cependant, vous aviez toujours quelque chose parce que ton père était un pêcheur formidable.

"Un jour, ton père est parti. Le vent et la pluie frappaient les fenêtres de la maison, la mer était agitée, et ta maman avait peur — pas pour elle-même, bien sûr. Tout le jour elle a regardé la mer, espérant revoir le petit bateau, mais il n'est pas revenu. Puis, tout à coup, le vent a soufflé fort, la fenêtre du salon s'est cassée avec un grand bruit, et ta mère s'est levée. 'Il est mort,' a-t-elle dit simplement, 'voilà le signe.'

"Et on n'a jamais revu ton père."

1   Qu'est-ce que le vieil homme a fait avant de parler?
2   Quelle était la profession du père?
3   Pourquoi est-ce qu'il sortait dans son petit bateau?
4   Qu'est-ce que la mère vendait au marché?
5   Pourquoi les vendait-elle?
6   Pourquoi est-ce que les gens dans un village de pêche n'ont pas
    beaucoup d'argent?
7   Quel temps faisait-il quand le père est parti?
8   Pour qui est-ce que la mère avait peur?
9   Pourquoi est-ce qu'elle a regardé la mer?
10 Pourquoi est-ce qu'on n'a jamais revu le père?

V   *Middlesex Regional Examining Board. May 1967*
Read the following passage carefully. Do *not* translate it into English.
When you have read it, answer in *French* the questions which follow it.
Each answer must be in the form of a sentence.

Il était minuit dix lorsque Pierre et Madeleine sont entrés dans la salle
d'attente pour attendre le train qui devait les transporter vers les Alpes,
pays des skieurs. C'était au mois de janvier et la salle d'attente était
pleine de voyageurs. On entendait des voix françaises et étrangères.
Un groupe de jeunes étudiants se tenaient près de la porte où ils
regardaient une grande carte des Alpes tout en parlant et riant bruyam-
ment. Leurs valises et leurs skis se trouvaient par terre.
    Madeleine s'est assise mais Pierre s'est occupé de leurs bagages.
    — Le rapide arrivera dans vingt minutes à peu près, a-t-elle dit en
regardant sa montre.
    Pierre n'a rien dit, mais comme il était sur le point de s'asseoir sur
le banc un gros homme qui se dirigeait vers la porte s'est heurté contre
lui sans rien dire.
    — Monsieur, je vous prie, soyez plus . . . Il n'a pas pu terminer la
phrase. Le gros homme impoli est sorti tout en saisissant une des
valises qui se trouvaient près de la porte.
    Pierre s'est levé et s'est élancé vers la porte.
    — Votre valise, votre valise, a-t-il crié aux jeunes étudiants. Cet
homme-là qui vient de sortir, il l'a volée.
    Pierre est sorti en courant suivi d'un des jeunes étudiants. Dehors
la gare était déserte. Ils ne voyaient personne. Dans la rue devant la
gare il faisait noir et la neige tombait toujours.
    — Il a disparu, a dit le jeune étudiant, je ne vois personne.

1 Est-ce qu'il y avait seulement des voyageurs français dans la salle d'attente?
2 Que faisaient les étudiants pendant qu'ils regardaient la carte des Alpes?
3 Pierre et Madeleine, à quelle heure vont-ils prendre le train?
4 Les voyageurs, pourquoi allaient-ils dans les Alpes?
5 Le gros homme impoli, qu'est-ce qu'il a fait en quittant la salle d'attente?
6 Le jeune étudiant, pourquoi a-t-il dit: "Il a disparu"?

VI *North Western Secondary School Examinations Board. May 1967*
Read each of the following passages and then answer in **English** the questions that follow, taking care to include all relevant details.

A A SOLDIER'S STORY

Hier soir le frère de Jacques me racontait l'histoire suivante. Il y a onze ans il faisait son service militaire dans un pays où on cultivait le riz et où il pleuvait beaucoup. Un jour il lui a fallu se rendre en avion à la recherche d'un officier blessé dans une région peu connue; il en avait oublié le nom. Cet avion a dû descendre dans la mer à cause d'un orage. Mais les passagers ont sauté de l'avion et sont descendus en parachute.

En descendant il avait peur d'être emporté par le vent vers la jungle où il se trouvait certainement des soldats ennemis. L'idée d'y passer quelques semaines ne l'amusait pas du tout. Il voyait bientôt plusieurs maisons qui semblaient habitées. Ce qu'il ne savait pas, c'était comment on le recevrait.

Il a gagné la terre sans trop de difficulté. Après s'être débarrassé du parachute il a vu s'approcher deux soldats qui portaient des fusils, mais il ne reconnaissait pas leur uniforme. L'un d'eux a parlé une langue étrangère qu'il ne comprenait pas. Puis ils lui ont fait signe de les accompagner et ils sont partis vers l'endroit où se trouvaient les maisons.

(a) When was this story told and who was telling it?
(b) How long ago did the events described take place and what was the narrator doing at the time?
(c) What *two* things do you know about the place where he was?
(d) Where did he have to go and for what purpose?

(e) Where and why did the plane come down and what did he have to do?

(f) What was he afraid of? Give *two* reasons for this fear.

g) What could he see and what was he uncertain about?

(h) What sort of landing did he make and what was the first thing he did?

(i) Whom did he see, what were they carrying and why did their appearance puzzle him?

(j) How did they speak to him?

(k) What did they finally do?

B THE ESCAPE

La prison était un vieux bâtiment construit à la fin du seizième siècle. Les murs avaient deux mètres d'épaisseur. On fit entrer Marie dans une chambre et ferma la porte à clef. Pendant quelques moments elle pleura, sachant qu'elle avait perdu sa liberté et qu'elle ne reverrait plus sa sœur.

Puis l'idée de s'échapper lui vint à la tête. Elle regarda par la fenêtre. En bas elle voyait l'eau froide du lac; à gauche des rochers et à droite la maison du gouverneur; en haut un ciel clair où brillaient des étoiles. Elle vit bientôt qu'un des rochers était un homme et que cet homme s'avançait lentement.

Soudain elle entendit une voix basse: "Ne faites pas de bruit, mademoiselle. Nous avons un bateau. Sautez par la fenêtre. N'ayez pas peur, mais dépêchez-vous."

Elle monta tout de suite sur une chaise et fit ce qu'on lui demanda. La descente ne finissait jamais!

Puis des mains vigoureuses la retiraient de l'eau qui se refermait sur sa tête. On lui fit boire quelque chose. Quelqu'un lui donna une couverture. Elle remarqua enfin qu'il y avait quatre hommes qui ramaient sans parler.

(a) What do you know about the prison and its walls?

(b) What was the first thing done to Marie?

(c) What was the first thing she did and why?

(d) What idea occurred to her and what could she see on looking out of the window?

(e) What did she notice in particular?

(f) What *four* instructions was she given?

(g) How did she react?

(h) What impression did she have on leaving and from what was she rescued?

(i) What *two* things was she given?

(j) What did she finally notice?

VII *Southern Regional Examinations Board. May 1967*

(a) Syllabus N

Read the following passage carefully and answer the questions as fully as you can in English.

ADIEU AUX FOULES

Un chanteur célèbre se marie avec une jeune fille de son village. Elle est fière de sa première maison en ville. Malheureusement le chanteur, avec son appétit de vivre, ne passe pas beaucoup de temps avec elle. Il préfère se trouver au milieu des foules qui viennent l'applaudir. Ses récitals, ses chansons populaires, voilà qui est important. Et sa pauvre femme, qui a beaucoup d'argent pour faire du shopping dans les grands magasins, commence à détester la ville.

"Je n'ai plus de mari" dit-elle avec amertume. "Le micro m'a remplacée, ce maudit micro que les chanteurs brandissent comme un drapeau." Et elle pleure.

Oui, elle a raison de pleurer. "A quoi bon essayer des chapeaux si mon mari n'est pas là pour m'admirer" dit-elle à sa meilleure amie. "Pourquoi ne peux-je pas avoir un mari qui lit son journal à table comme les autres maris? Mieux vaut avoir un mari silencieux qu'un mari absent."

"Ne t'agite pas tant" lui dit sa meilleure amie pendant cette heure des confidences. "Bientôt ton mari sera millionnaire. Il dira adieu aux foules. Les orchestres joueront sans lui. Tu auras alors le temps de songer à une vie heureuse ou en ville ou à la campagne."

Cette prophétie est en effet juste — mais pas tout à fait. Peu à peu les foules oublient le chanteur et acclament une autre idole. Le chanteur retourne à son village avec sa femme. Mais le chanteur a gaspillé son argent. Il est sans le sou. Et il reprend son travail de menuisier.

1 Name three things correctly foretold by the friend.

2 What did the wife say had replaced her in the singer's affections?

3 What did the singer do when he went back home?

4 What was important in the singer's way of life?
5 In what respects did the friend's forecast go wrong?
6 What pleasures did the wife find empty without her husband at her side?

(b) Syllabus S

Read this passage carefully a number of times, then answer the questions which follow it.

BEAR STORIES OF LONG AGO

Au dix-neuvième siècle la vie au Canada fut bien dure pour tous ceux qui essayaient de s'y établir. C'étaient pour la plupart des fermiers et ils élevaient des vaches et des moutons.

Le soir, pendant que les femmes s'occupaient du ménage, Egide Racicot et Lorenzo Surprenant se retrouvaient quelquefois dans une clairière de la forêt où habitaient leurs grands ennemis — les ours.

"Ils ne sont pas toujours courageux," dit Egide. "Un jour ma femme et moi faisions rentrer les moutons quand nous avons entendu quelque chose qui remuait dans la forêt tout près. C'étaient deux grands ours! Nous étions au mois de septembre. L'approche de l'hiver les rend dangereux: ils ont très faim. Pourtant, ma femme n'a pas hésité un instant. Un bâton à la main, elle s'est précipitée sur eux tout en hurlant d'une façon épouvantable. Le croirais-tu? Elle les a chassés, oui, ils ont détalé comme des lapins et on ne les a jamais revus!" . . .

Answer in French, in complete sentences, the following questions on the text. Keep to the tense of each question.

1 Quelles personnes essayaient de s'établir au Canada?
2 Que faisaient ces fermiers au Canada?
3 Où étaient les femmes le soir?
4 Pourquoi est-ce que les ours étaient les ennemis des fermiers?
5 Qu'est-ce qui remuait dans la forêt ce soir-là?
6 Pourquoi les ours sont-ils dangereux au mois de septembre?
7 Qu'est-ce que la femme d'Egide Racicot portait à la main?
8 Comment est-ce que la femme d'Egide Racicot a montré qu'elle n'avait pas peur des ours?
9 "Hurler d'une façon épouvantable" c'est:
    (a) lancer le bâton?
    (b) crier à faire peur?

(c) courir très, très vite?

(d) pleurer à chaudes larmes?

Est-ce que les ours se sont montrés de nouveau dans cette région?

III *South-East Regional Examinations Board. May 1967*

ead the following passage carefully and answer in **English** the
uestions below.

LES BUCHERONS DES ALPES

e Département des Eaux et Forêts autorise les habitants des villages
pestres à couper un certain nombre de sapins comme allocation de
ois de chauffage. Cet abattage, organisé par un garde-forestier, s'appelle
a coupe' et a lieu chaque octobre.

Les habitants qui participent à la coupe se réunissent à l'aube à la
rtie du village. Quand tout le monde est arrivé, le chef du chantier
met en marche, suivi des autres bûcherons. Dans la brume matinale,
us s'acheminent silencieusement vers leur lieu de travail, là où les
pins ont été marqués par le garde-forestier. On commence par
attre, en équipes de deux, employant pour cela une grosse scie à
eux manches. Ce premier sciage est long et monotone, mais on peut
ujours lever la tête et admirer de temps en temps la splendeur des
eiges éternelles.

Une fois l'arbre abattu, les haches entrent en jeu pour couper les
ranches. Après cela la partie spectaculaire commence.

Tout le long des pentes boisées se trouvent des lits de torrents
esséchés. C'est dans ces espèces de canaux sans eau qu'on envoie les
oncs vers la vallée. Après deux ou trois jours d'abattage, des centaines
'arbres glissent vers les gorges où ils disparaissent, pour atterrir
uelques huit cents mètres plus bas, au milieu des prairies.

Quand tous les sapins sont arrivés dans les pâturages de la vallée,
s sont divisés en lots. Les bûcherons qui habitent tout près viendront
hercher leur bois pendant l'hiver avec un traîneau; les autres trans-
ortent le leur, immédiatement, avec des chevaux.

1 What is the French equivalent of our Forestry Commission?

2 What is 'la coupe'?

3 When and where do the villagers assemble for it?

4 How do they know which trees to cut down?

5 How is the felling accomplished?

6 How and when are the branches removed?
7 How are the logs started on their journey to the valley?
8 How far do they fall and where do they land?
9 What happens to them there?
10 When and how do those living near collect their share?
11 When and how do the others take theirs?

IX *West Midlands Examinations Board. April 1967*

You should spend a minimum of five minutes on reading each of th
two passages before attempting to answer the questions. Questions o
Passage A are to be answered in French, questions on Passage B i
English. Your answers to these questions should include all the detai
asked for but should not be unnecessarily long. They must be in th
form of complete sentences.

A A FRENCH BOY DESCRIBES HIS HOLIDAY IN
THE SOUTH OF FRANCE

D'habitude nous passons nos vacances d'été en Bretagne. Cependa
l'année dernière, le médecin a conseillé à maman d'aller dans le Mid
"Il vous faut du soleil," lui a-t-il dit.

Françoise et moi avons été enchantés quand papa a réussi à loue
une petite villa sur la côte, près de Nice. Nous allions tous y passe
un mois tout entier.

Le 31 juillet, la veille du départ, notre appartement était en gran
désordre. Les valises n'étaient pas encore faites, mais vêtement
chaussures, livres et jouets traînaient partout.

— Ce qu'il nous faut c'est un camion, non pas une voiture,
protesté papa.

— Toi, Françoise, a dit maman, va immédiatement chez tante Mari
Elle va se charger de garder le chat pendant notre absence.

Le lendemain, malgré l'intense circulation tout le long des routes l
voyage s'est passé sans incident.

La villa, située à une centaine de mètres d'une longue plage bordé
de pins, était un vrai petit paradis. A peine arrivés, nous nous somme
tous précipités pour aller voir la plage. Profitant du beau temp
Françoise et moi, nous avons retiré nos souliers pour courir, pieds nu
dans le sable brûlant.

Ensuite, me déshabillant vite, j'ai mis mon costume de bain pour longer, le premier, dans l'eau transparente.

Longtemps, j'ai pu voir le fond. Quel spectacle! Des milliers de poissons de toutes couleurs s'y glissaient silencieusement.

On était vraiment en vacances.

1 Quel temps fait-il en été dans le Midi?
2 Combien de semaines les enfants allaient-ils passer au bord de la mer?
3 A quelle date la famille est-elle partie pour le Midi?
4 Comment la famille a-t-elle fait le voyage? A-t-on rencontré beaucoup ou peu de voitures sur les routes?
5 Où allait-on mettre les tas d'objets qui faisaient le désordre dans l'appartement?
6 Qui allait donner à manger au chat pendant l'absence de la famille?
7 Où pouvait-on trouver de l'ombre sur la plage?
8 Pourquoi les enfants ont-ils trouvé le sable très chaud?
9 Qu'a fait René avant de mettre son costume?
10 Pourquoi René a-t-il pu voir les poissons? Où exactement étaient-ils?

B A DARING BURGLAR

C'était un soir vers huit heures. Sur les Grands Boulevards à Paris, il y avait beaucoup de monde aux terrasses des cafés. On était tout au début du printemps, car il faisait déjà noir. Soudain, quelqu'un vit une lumière allant et venant dans les bureaux d'un immense édifice en face. L'alarme fut donnée. Les agents arrivèrent. Tout le monde regardait avec curiosité.

Traqué dans les bureaux, en effet, le cambrioleur ouvrit une des fenêtres et se mit à grimper le long de la façade du bâtiment, s'aidant des rebords des fenêtres. Peu à peu il monta jusqu'à l'étage supérieur. En bas, dans la rue, des femmes criaient de peur, mais l'homme paraissait accomplir, pour s'amuser, un numéro de cirque.

Enfin il arriva sur le toit, un toit en pente où les agents hésitaient à se risquer. Le cambrioleur ne semblait souffrir en aucune façon du vertige. Il sauta sur un toit voisin et ainsi, d'immeuble en immeuble, il arriva au coin de la rue où il disparut par une fenêtre ouverte. Un quart d'heure plus tard on le revit, sur un autre toit. Des gens tendaient la main et criaient "Le voilà. Il est là."

Les pompiers arrivèrent avec leurs échelles. Lorsque la police finit par l'arrêter, longtemps après, il n'était même pas essoufflé. Au moment où on le faisait monter dans une voiture, il se glissa comme un poisson des mains de ceux qui le tenaient et réussit à s'échapper et à disparaître à travers la foule.

> (Le vertige — giddiness
> traqué — trapped
> la pente — slope.)

(The figure in brackets after each question indicates the number of points to be mentioned.)

1 In what season and at what time did the story take place? (2)
2 Why was the alarm given? (3)
3 How did the burglar get out of the building and how did he help himself when climbing? (2)
4 What did the sight make one think of? (1)
5 Why did the police not follow him?
6 What did the firemen bring with them? (1)
7 Why were people pointing? (2)
8 How did the police intend to take him away? (1)
9 In what state was the burglar when he was arrested? (2)
10 Was the burglar sent to prison? (3)

B. WRITTEN COMPREHENSION: G.C.E.

Associated Examining Board

ead carefully the following passage. Then, without translating it, *answer*
French *the questions following it.* (*The Past Historic tense should not*
used in your answers.)

) *June 1966*   THE WOLF

'était le jour de Noël. Un silence morne régnait sur la terre désolée,
l'on n'entendait même pas le bruit des pas de ma mère dans la neige
aisse. C'était avec la plus grande difficulté que ma mère suivait le
auvais chemin, et moi, balancé sur son dos, les bras autour de son
u, j'avais peine à me tenir éveillé, lorsque tout à coup, à cent pas en
ant, il y eut un hurlement prolongé, et je vis une grande bête, comme
n chien fort, aux oreilles pointues, qui criait en levant le museau
rs le ciel.

— N'aie pas peur, me dit ma mère.

Et elle me donna la lanterne et ôta ses sabots, en prit un dans chaque
ain et marcha droit à la bête en les choquant l'un contre l'autre à
and bruit. Lorsque nous fûmes à une cinquantaine de pas, le loup se
ta dans la forêt en quelques sauts, et nous passâmes, regardant de
té, sans le voir pourtant. Un instant après, le même hurlement
frayant s'éleva en arrière. De temps en temps, ma mère se retournait,
sant du bruit avec ses sabots, pour effrayer la bête invisible, car si
la empêchait le loup d'approcher trop, elle savait qu'il nous suivait,
en effet je revis cette sinistre ombre grise à trente pas derrière nous
moment même où nous arrivions à la grille de notre cour.

Ma mère prit la clef, car, malgré sa promesse, mon père n'était pas
core rentré, et nous entrâmes vite et refermâmes la porte derrière nous.
Au lieu du bon feu que nous pensions retrouver, le bois était tout
ir et froid dans la cheminée.

— Ah! s'écria ma mère, c'est méchant signe! Il nous arrivera quelque
alheur!

— Maman, j'ai faim, lui dis-je.

— Pauvre petit! Il n'y a rien ici. Il te faut aller au lit. Elle me prit
ır ses genoux et me déshabilla. Aussitôt couché, je m'endormis sans
lus penser à rien.

1   Quelle était la date ce jour-là, et quel temps avait-il fait?
2   Pourquoi la mère de l'auteur ne pouvait-elle pas voir le chemin?
3   Quels détails indiquent que l'auteur était très jeune à ce temps-là
4   Qu'est-ce que la mère portait à la main au commencement de cett
    histoire, et qu'est-ce qu'elle en a fait?
5   Pourquoi la mère a-t-elle ôté ses sabots?
6   Combien de fois la mère et le garçon ont-ils vu le loup, et où s
    trouvait-il alors?
7   Quel effet le bruit des sabots a-t-il produit sur le loup?
8   Où la mère et le garçon se dirigeaient-ils, et comment ont-ils s
    que le père n'était pas encore rentré?
9   Quel était le méchant signe que la mère a remarqué?
10 Pourquoi la mère a-t-elle dit "pauvre petit"?

(b) *June 1967*   THE CHASE

André Cochu décida d'attendre le Polonais, Boris Kumak, de l'autr
côté de la rue. Comme il allait traverser, il vit Boris sur la bicyclette d
Jeannette Clouzot.

— Kumak! cria-t-il. Descends un peu . . .

— Je n'ai pas le temps, répondit Kumak. Mais Cochu se plant
dans la rue, ses longs bras étendus, et, surpris, Kumak mit pied à terre

— Vas-tu nous dire où tu allais comme ça, monstre? demanda Cochu

— Chercher mon couteau que j'ai oublié sur la table à la ferme
Un beau couteau que ma femme m'a acheté pour Noël.

— Tu vas chercher un couteau avec un gros sac? dit Cochu e
soulevant la grosse sacoche de cuir que Kumak portait sur l'épaule
Dis plutôt que tu as découvert l'argent caché et que tu cours le voler

Kumak essaya de passer, et Cochu essaya de l'en empêcher. Heureuse
ment pour Kumak, le grand Robert arriva à ce moment-là derrièr
Cochu, et l'entoura de ses bras. Il le retint sur place en criant:

— Sauve-toi donc, Kumak, pendant qu'il ne peut plus remuer!

Et Kumak saisit l'occasion et partit comme une flèche.

Échappé enfin des bras de Robert, Cochu parcourut le village e
appelant tous les paysans.

— Kumak a trouvé l'argent caché! Il vient de partir pour le prendre
Kumak a trouvé l'argent caché!

Femmes et hommes, tous se précipitèrent vers la ferme, et loin devan
eux, Cochu gesticulait et trottait. D'autres gens se joignaient au groupe

curieux, impatients de voir enfin tout cet argent dont on avait tant parlé depuis des mois. Ils étaient une quinzaine en arrivant à la ferme.

— Voilà la bicyclette contre la maison, cria Cochu. Il est bien là!

Comme ils s'approchaient, Kumak apparut à la porte, et, terrifié, s'enfuit dans les champs, vers la haie qui bordait la rivière.

— On l'aura! cria Auguste Tellier. On l'aura! Coupe à gauche, Cochu, moi je couperai à droite!

Kumak se retourna, vit Cochu tout près, une grosse fourche à la main. Essoufflé, les jambes lourdes, il prit des pièces d'argent dans son sac et les jeta derrière lui. La foule s'arrêta net, courut de nouveau en tous sens. Dix fois Boris Kumak jeta sa poignée d'argent: dix fois les paysans tombèrent sur les pièces qui roulaient sous leurs pieds. Le sac était presque vide. Bientôt Boris laissa tomber sa dernière poignée d'argent, et levant la tête, il vit entre deux arbres un Allemand qui le visait, le fusil à l'épaule.

— Camarade! cria Kumak. Camarade!

La détonation couvrit sa voix. Il fit encore quelques pas, plia les genoux, et tomba, son visage rouge illuminé de soleil.

1 Pourquoi Cochu s'est-il planté au milieu de la rue quand il a vu Kumak?

2 Où est-ce que Kumak a dit à Cochu qu'il allait, et quelle raison a-t-il donnée?

3 Est-ce que Cochu a cru cette explication ou non? Pourquoi?

4 Comment Kumak a-t-il réussi à échapper des mains de Cochu?

5 Pourquoi tous les gens du village ont-ils suivi Cochu?

6 Pourquoi Kumak est-il arrivé à la ferme longtemps avant les autres, et qu'est-ce qu'il y a fait?

7 Comment Auguste Tellier a-t-il proposé d'arrêter Kumak?

8 Comment Kumak a-t-il essayé d'arrêter la foule qui le poursuivait?

9 Pourquoi Kumak a-t-il crié 'Camarade'?

10 Pourquoi Kumak est-il tombé à la fin?

II *University of Cambridge Local Examinations Syndicate*

(a) *June 1966*

Read carefully the following passage, which is **not** to be translated:

Trouvant une station-service illuminée, Michel s'adressa au pompiste.

— J'ai ma voiture en panne, à cinq kilomètres environ.

— Qu'est-ce qu'elle a?

— Je ne sais pas. Avez-vous quelqu'un pour y aller?

— On va voir le patron.

Celui-ci écouta, regarda sa montre.

— Bientôt dix heures. On peut aller voir. Vous êtes pressé? C'est que la dépanneuse* est sortie et pour une réparation sur place je n'aurai pas assez de lumière.

— Je ne veux pas que ma femme s'inquiète. Elle m'attend à la maison et je voudrais la prévenir.

— Le téléphone est à côté de la caisse. Vous pourrez lui téléphoner ou lui envoyer un télégramme.

— Bon. Le mieux est que je m'arrête ici pour la nuit. Mais il faut d'abord que je retourne à la voiture. Je n'ai pas pris mes affaires.

La patronne s'offrit à passer le télégramme qu'il avait rédigé. Un quart d'heure plus tard, ayant trouvé la voiture de Michel, le patron jeta un coup d'œil sur le moteur.

— Il n'y a rien à faire pour le moment, il fait trop noir. J'enverrai mon gars demain matin. Il la ramènera au garage. Donnez-moi les clés. Si c'est ce que je pense, vous l'aurez vers midi. Maintenant je vais vous reconduire en ville. Quant à un hôtel, je vous conseille *l'Hôtel du Rhône.*

Michel prit le pardessus, la serviette et la valise posés sur le siège arrière. Après une hésitation, il laissa le paquet enveloppé de papier brun.

— Après tout, ça ne doit pas risquer grand-chose, la voiture fermée.

— Vous feriez mieux de le laisser dans le coffre, on ne sait jamais.

Michel expliqua:

— C'est pour mon fils, qui est malade. Il a toujours voulu un petit autobus rouge.

* la dépanneuse = breakdown lorry.

Answer the following questions in FRENCH. Your answers should be **concise** but should make complete sentences, the form and tense of which should suit those of the questions:

(i) Pourquoi Michel cherchait-il un garage?

(ii) Quelles difficultés se présentaient pour le patron?

(iii) Comment Michel a-t-il prévenu sa femme de son retard?

(iv) Pourquoi voulait-il retourner tout de suite à sa voiture?

(v) Qu'est-ce que le garagiste allait faire le lendemain matin?

(vi) Où Michel passerait-il sans doute la nuit?

(vii) Quelle recommandation le garagiste a-t-il donnée à Michel concernant le paquet?

(viii) Qu'est-ce qu'il y avait dans le paquet?

(*b*) *June 1967*

Read carefully the following passage, which is **not** to be translated:

A SUSPICIOUS CHARACTER

Vers deux heures du matin, le garde-côte Antonio Navarra quitta la route nationale pour longer les plages de plus près. Il circulait à bicyclette et avait encore à rouler une demi-heure avant de rentrer faire son rapport. Depuis le temps qu'il faisait de telles rondes, Antonio n'avait jamais rencontré un seul contrebandier.

En plus du phare de sa bicyclette, il portait à la main une puissante torche électrique, dont, de temps en temps, il projetait la lumière devant lui et sur les côtés. Mais, avec l'épaisse brume qui tourbillonnait depuis le début de la nuit, il n'y voyait guère à plus de cinq pas.

A huit cents mètres de la plage il aperçut, tout à coup, droit devant lui, sur le chemin tortueux, une camionnette. Il freina rapidement pour ne pas la heurter, mit pied à terre et s'approcha prudemment, braquant le rayon de sa lampe sur la cabine. Un homme était immobile derrière le volant.

— Qu'est-ce que vous faites là? lui demanda Antonio.

— J'attends que ce maudit brouillard se dissipe.

— Vous avez raison, dit le garde-côte, mais . . . vous avez vos papiers d'identité?

L'homme alors saisit Antonio par le bras.

— Écoute! dit-il sur un ton de commandement, prends ça et continue ton chemin. Oublie ce que tu viens de voir. Compris?

Stupéfait, le garde-côte sentit qu'on lui fourrait dans la main une liasse de billets de banque!

Answer the following questions in FRENCH. Your answers should be **concise** but should make complete sentences, the form and tense of which should suit those of the questions:

(i) Vers quelle heure Antonio devait-il rentrer faire son rapport?

(ii) Pourquoi faisait-il ses rondes près des plages?

(iii) Pourquoi lui était-il difficile de voir la route devant lui?

(iv) Qu'est-ce qui l'a obligé à freiner rapidement?

    (v) Quelle réponse l'homme de la camionnette a-t-il donnée à la première question posée par Antonio? Commencez votre réponse: Il a dit qu'il . . .

   (vi) Qu'est-ce qu'Antonio a demandé à voir?

  (vii) Selon l'homme de la camionnette, qu'est-ce qu'Antonio devait oublier?

 (viii) A votre avis l'homme était-il honnête? Pourquoi êtes-vous de cet avis?

III *Joint Matriculation Board*

Read carefully the following passage, **which is not to be translated.** Then answer, **concisely in English**, the questions given below, **taking care to include all relevant details**, and paying attention to spelling, punctuation and grammar. Your answers should be in the form of **complete sentences.**

(a) *June 1965* THE BRETON TAILOR

Le tailleur breton ne s'inquiète pas, lui, du temps qu'il fait. Il n'a pas son blé exposé au vent et à la pluie: il trouvera toujours du travail tant qu'il y aura des jeunes gens qui auront besoin de son coup d'aiguille pour façonner leurs riches habits.

Il n'existe pas de conteur plus merveilleux. La moindre anecdote lui sert de thème. A cause de ses déplacements journaliers d'un village à l'autre, il en trouve par dizaines — histoires de jeunes amoureux qui viennent le soir faire la cour à leurs belles, buveurs qui restent trop longtemps au café, maris qui battent leurs épouses et femmes à la langue trop pointue.

Comme chacun peut être sa victime, chacun cherche à s'en venger, en lui attribuant l'origine de toutes les vilaines histoires du pays. Volontiers on suppose qu'il a des relations avec le diable. La preuve en est que lui, qui n'a qu'une vache, ne manque pas de lait, tandis que les vaches de la fermière, de grasses qu'elles étaient, deviennent maigres et n'en donnent plus.

(a) Why is the Breton tailor indifferent to the weather?

(b) For whom does the tailor work in particular?

(c) How is the tailor able to amass such a fund of stories? What **four** examples of the tailor's stories are given in the passage?

(d) Why do people try to have their revenge on the tailor?

(e) What **two** things do people say of the tailor?

(f) What proof do people find of their second accusation?

(b) *June 1966*   MAINTENANCE WORK ON THE
BASILICA OF ST. PETER, ROME

L'entretien de la basilique Saint-Pierre est assuré par une "corporation" qui existe depuis le seizième siècle; les membres en font partie de père en fils. Ils s'appellent les Sampietrini. Ils sont soumis dès leur enfance à un long entraînement, car leur principale activité se manifeste non seulement à l'intérieur de l'église mais surtout à l'extérieur.

Ce sont de véritables acrobates qui ont une technique spéciale pour grimper jusqu'aux sommets des colonnes lorsqu'on décore l'église. Pour fermer une fenêtre ou nettoyer les lettres d'or dont chacune a la taille d'un homme, ils doivent aller se promener, la tête en bas. Ils se servent pour cela de cordes qu'ils attachent aux statues de marbre.

L'illumination de la façade de la Basilique demande un mois de préparation et la mise en place de cinq mille lanternes et de mille flambeaux. Il faut plusieurs kilomètres de corde pour permettre aux Sampietrini de grimper le long de toute la façade. Parfois les Sampietrini, accrochés à leurs cordes, se lancent dans le vide pour atteindre les points désignés pour la pose des lanternes.

(a) When was the "corporation" of the Sampietrini founded, what is its work and how is the number of members kept up?

(b) When do the Sampietrini begin training for their duties and where do they work?

(c) Where do the Sampietrini need to climb to in order to decorate the church and what do they need to do to close a window?

(d) What do the Sampietrini do to the golden letters, how tall are these, and how is the men's safety ensured?

(e) By what means is the Basilica floodlit and how long does it take to set up the floodlighting?

(f) How much rope is used when getting the floodlighting ready? What does the rope enable the Sampietrini to do?

(g) Why do the Sampietrini need to launch themselves into space?

IV *Oxford Delegacy of Local Examinations*

Read the following passage carefully and answer the questions set on it. **The answers must be entirely in English.** No credit will be given for anything in French.

(*a*) *June 1966*   ROAD TUNNELS THROUGH
                    THE ALPS

Pendant l'hiver, franchir les frontières dans les Alpes est une dure épreuve pour l'automobiliste. Une neige épaisse, des tapis de glace, des avalanches soudaines, des blizzards bloquent durant des mois les cols (*mountain-passes*) élevés, qui restent fermés à la circulation (*traffic*), ce qui vous oblige à attendre le passage du chasse-neige avant de pouvoir avancer. Il y a trois ans, depuis le dix octobre jusqu'au printemps, la plupart des grands cols n'étaient pas praticables. Et même pendant l'été, les voitures doivent faire de longs détours et grimper d'étroites routes en zigzag.

Par contre, grâce à l'existence des trois grands tunnels pour chemins de fer — celui du Mont-Cenis, celui du Saint-Gothard, et celui du Simplon — les trains peuvent depuis longtemps passer sous les Alpes à n'importe quelle saison de l'année. Mais déjà les tunnels routiers se multiplient; cela devient de plus en plus nécessaire à cause de la croissance de la circulation sur les routes. A un an d'intervalle, deux tunnels routiers géants se sont ouverts à la circulation: le tunnel du Grand-Saint-Bernard en 1964, le tunnel sous le Mont-Blanc en 1965.

Le tunnel du Mont-Blanc est le dernier-né des grands travaux de l'humanité. Il est, jusqu'à présent, le plus grand tunnel du monde pour automobilistes (11,5 kilomètres), avec deux voies de circulation et d'étroits trottoirs de 80 centimètres. Pour ceux qui suivent la route Paris-Rome, il fait gagner quatre heures et réduit la distance de 225 kilomètres. Il suffit d'un quart d'heure à l'automobiliste pour passer directement de France en Italie, entre Chamonix et le val d'Aoste.

Il est prévu que, chaque année, 400 000 voitures particulières et 40 000 camions et autocars passeront par ce tunnel — en payant le droit de passage, bien entendu!

(*a*) What are the obstacles which block the mountain-pass roads in winter? And what difficulties do cars have to face even in summer?

(*b*) What advantage do the railways enjoy in this respect?

(*c*) Apart from being able to travel between France and Italy all the year round, what other benefits does the existence of the Mont-Blanc tunnel bring to road traffic?

(*d*) What are we told about the use that is expected to be made of the tunnel?

b) June 1967

Voici la saison où les hordes de citadins, séduits par les attraits de la vie primitive, fuient l'atmosphère malsaine des villes pour planter leurs tentes au creux des vallons ou au bord des fleuves. Des gens de toutes les classes sociales reprennent la route suivie autrefois par les tribus nomades et vont vivre sous des tentes à l'exemple des patriarches de la Bible.

A l'origine ces tentes étaient faites en peaux d'animaux, puis en étoffe de laine, imperméables à la pluie. Le mobilier était rudimentaire: une lampe et un morceau de cuir rond qui servait de table.

Plus tard, la tente devint un symbole de puissance et de richesse. Celles des chefs d'État et des grands personnages équivalaient à des palais. Les rois assyriens qui passaient leur temps en chasses ou en guerres vivaient une grande partie de l'année sous des tentes à plusieurs compartiments ornés de bois précieux. La tente de Darius, roi des Perses, contenait des trésors fabuleux. Alexandre le Grand, lorsqu'il les découvrit, voulut posséder une installation non moins luxueuse. La tente de celui-ci fut assez grand pour contenir cent lits. L'historien Pline raconte aussi que lorsqu'Alexandre célébra son mariage et ceux de ses amis avec les femmes persanes, il fit construire une autre tente contenant quatre-vingt-douze chambres à coucher.

Rome, à l'époque de sa fondation, refusa à ses soldats l'usage de la tente, même dans les hivers les plus rigoureux. Un peu plus tard cependant, lorsque les guerres se prolongeaient, ils furent bien forcés d'adopter des tentes de peaux retenues par des cordes. La tente du général fut souvent un édifice considérable. Le centurion aussi avait une tente pour lui seul. Les simples soldats étaient groupés par dix sous le même toit.

a) Why do modern town-dwellers go camping for their holidays, and where?

b) Of what materials were the earliest tents made and how were they furnished?

c) What are we told about the tents used by the Assyrian and Persian kings?

d) State briefly what information we are given about Alexander the Great and his tents.

e) Why did the soldiers of Ancient Rome later have to take to the use of tents?

(*f*)   What are we told about the use of tents by the different ranks o
        Roman soldiers?

V   *Oxford and Cambridge Schools Examination Board*
Experimental French Pilot Scheme, July 1967.
Do not translate but read carefully the following passage and answer
the questions printed below:

A MAN HAS BEEN SUSPECTED OF TRYING TO
MURDER HIS WIFE

Il était six heures du matin lorsque, libre enfin, Antoine descendit le
perron du commissariat de police du sixième arrondissement. Il y avait
passé toute la nuit et se sentit épuisé. Il entra au Bar de la Gare et
commanda un verre de cognac. Le patron le regarda d'un air curieux
puis il dit:

— Je ne vous conseille pas l'alcool puisque vous avez l'estomac
vide, mais peut-être qu'un seul cognac vous ferait du bien.

Le patron avait raison. Ces gens-là ont l'habitude. Après quelques
minutes qu'il passa à se regarder dans la glace, Antoine se sentit mieux
et se dirigea vers la cabine téléphonique. Il composa son numéro. Ce
fut la voix de Madame Arnaud, sa belle-mère, qui répondit:

— J'écoute.

Il savait bien que ce serait elle, et il demanda d'une voix indifférente
"Et ma femme, comment va-t-elle?"

— Ah, c'est vous! Eh bien, ce n'est pas votre faute que ma fille
n'est pas morte. A votre place . . .

Il y eut du bruit, des mots chuchotés, puis tout de suite après, la
voix de Julie:

— C'est toi? demanda-t-elle de son ton plaintif mais plus faible que
d'habitude, alors qu'elle savait bien que c'était son mari qui parlait
Il y eut un silence, puis elle finit par prononcer:

— Reviens si tu veux.

En entendant la voix de sa femme, il crut qu'il allait être malade,
mais se maîtrisant, il répondit:

— Bon, j'arrive dans un quart d'heure.

Il raccrocha, resta un moment dans la cabine, puis retourna au
comptoir. Peut-être qu'un second cognac me rétablirait tout à fait,
dit-il, sans savoir qu'il se parlait tout haut.

Il fut étonné quand on le lui servit sans qu'il eût commandé. L'ayant avalé et se sentant effectivement mieux, il sortit dans la rue. Tout à coup il entendit crier:

— Monsieur! les consommations!

Antoine retourna au bar et jeta sur le comptoir une pièce de cinq francs. Il n'osa pas descendre dans le métro où le manque d'air aurait pu le rendre malade. Même le mouvement de l'autobus lui donna le vertige. Lorsqu'il descendit, il sentit ses genoux trembler et il jugea bon d'aller prendre encore un verre. Son courage l'abandonnait mais sortant du café, il remonta lentement la rue qui menait à sa maison.

Answer in **French** — **as if you were Antoine** — *the questions given below.*

The following points should be observed:

(a) *Each of your answers should make a complete sentence,* **the tense of which should suit the question.**

(b) *Do not copy out sections of the text without change.*

(c) *Try to use your own words if you can.*

(d) *Your answer should be concise but include all relevant information.*

Example:

Pourquoi est-ce que vous vous êtes senti épuisé?

J'avais passé toute la nuit au commissariat de police, où on m'avait posé beaucoup de questions.

1 Où avez-vous passé la nuit et pourquoi?

2 Quel effet le premier cognac a-t-il produit sur vous?

3 Pourquoi avez-vous téléphoné?

4 Qu'est-ce que Madame Arnaud a fait quand elle a reconnu votre voix?

5 Qui était Madame Arnaud et qu'est-ce qu'elle pensait de vous?

6 Pourquoi la question de votre femme était-elle inutile?

7 Pourquoi avez-vous été étonné quand on vous a servi un second cognac que vous n'aviez pas commandé?

8 Qu'est-ce que vous avez promis à votre femme?

9 Pourquoi le patron a-t-il crié après vous?

10 Expliquez pourquoi vous avez préféré prendre l'autobus.

VI *Scottish Certificate of Education Examinations Board*

(a) *April 1966*

A Read the passage given overleaf, then answer in **French** the questions which follow it.

L

Lorsqu'elle allait au marché ma mère me laissait dans la classe de mon père, qui apprenait à lire à des gamins de sept ans. Je restais assis, toujours sage parmi une quarantaine d'élèves et regardais mon père qui se tenait devant la classe, une baguette de bambou à la main.

Un jour, après la récréation, ma mère me déposa à ma place habituelle et sortit sans mot dire, pendant que mon père écrivait au tableau noir:

— La maman a puni son petit garçon qui n'était pas sage. A peine eut-il fini d'écrire que je criai:

—Non, ce n'est pas vrai! Elle ne m'a pas puni! Mon père se retourna soudain, me regarda stupéfait, s'avança vers moi et s'écria:

— Qui t'a dit qu'on t'avait puni?

— C'est écrit.

La surprise lui coupa la parole un moment.

— Voyons, dit-il enfin, tu sais lire?

— Oui.

Il dirigea la pointe de sa baguette vers le tableau noir.

— Eh bien, lis!

Je lus la phrase à voix haute. Il alla prendre un livre et je lus sans difficulté plusieurs pages. Je crois qu'il était ce jour-là le père le plus joyeux et le plus fier du monde.

Answer questions 1 to 8 in sentences, using the appropriate tense in each case.

1 Pourquoi, à votre avis, l'enfant n'accompagnait-il pas sa mère quand elle allait au marché?
2 Qu'est-ce qui se passe à un marché?
3 Quelle était la profession du père?
4 Pourquoi le père tenait-il une baguette?
5 Pourquoi, à votre avis, le père avait-il écrit une phrase au tableau noir?
6 De quoi se sert-on pour essuyer un tableau noir?
7 A quelle heure avez-vous la récréation?
8 Que fait le père pour s'assurer que l'enfant sait lire?
9 Nommez trois matières qu'étudient des élèves de sept ans.
10 Quelles émotions le père éprouve-t-il à la fin de l'histoire?
11 Exprimez autrement:
    (a) *une quarantaine d'*élèves
    (b) *ma place habituelle.*
    (c) *il s'avança vers* moi.

(d) la surprise lui coupa la parole.
Donnez le contraire de:
(a) sage.
(b) à voix haute.
(c) vrai.

Read carefully the passage given below, then answer in **English**
e questions which follow it.

était vingt heures, à peu près. Une Citroën s'arrêta devant une
ation-service mais le conducteur resta assis au volant.
— Le plein! demanda-t-il avec un drôle d'accent.
Madame Lanoue, la patronne, remplit le réservoir et annonça le prix.
u lieu de payer, l'homme mit le moteur en marche et tenta de gagner
sortie. Madame Lanoue appela — Au secours! et deux employés,
enri et Maurice, se précipitèrent vers la voiture pour l'empêcher de
rtir. La sortie était bloquée par des automobiles, mais l'homme dans
Citroën monta sur le trottoir.
Les deux employés sautèrent alors sur le *capot*, tournant le dos au
nducteur pour l'empêcher de voir, mais il ne s'arrêta pas. Au con-
aire! Il appuya sur l'accélérateur et s'élança dans la rue d'en face.
ur éjecter ses deux "passagers" il donna un bon coup de volant en
urnant à gauche; Maurice perdit l'équilibre et roula par terre. Henri,
pendant, resta solidement accroché au capot.
Le conducteur allait n'importe où; ce qu'il voulait avant tout, c'était
débarrasser de cet acrobate qui criait à tue-tête aux passants:
— Au voleur! Au voleur!
Les passants s'arrêtaient et haussaient les épaules.
— Quel imbécile, ce type! Encore un qui veut se faire remarquer!
Et ils reprenaient leur marche en pensant que ces jeunes gens avaient
u trop de films policiers.
Finalement un gros camion vint en aide à Henri. La voiture ne
uvait pas le dépasser, car une autre voiture arrivait en sens inverse,
le trottoir était bien étroit. Le conducteur dut s'arrêter, et vite
enri se jeta sur lui.
On apprit au poste de police que c'était un jeune Suédois qui,
rivé la veille de Stockholm, avait quitté son hôtel sans payer. Quant
la voiture, il l'avait "empruntée" dans un garage tout près de son
ôtel.

le capot = the bonnet (of car)

1 Where and when did this incident take place?
2 Relate the incident which caused Madame Lanoue to call for help. How was her call answered?
3 Why was the motorist's departure difficult? How did he finally get out?
4 What action was now taken by Henri and Maurice and how did the motorist react?
5 What was the motorist's immediate aim? How did he try to achieve it and how far did he succeed?
6 Describe how the driver and Henri now behaved. Why did they behave thus? What were the reactions of the passers-by?
7 Why did the motorist finally stop? What did the police find out about him?

(b) *May 1967*
A Read the passage given below, then answer **in French** the questions which follow it.

Quand Monsieur Doré entra dans le dixième restaurant à onze heures du matin un garçon dressait les couverts sur les nappes blanches. D'un geste de sa serviette le garçon lui désigna le fond du restaurant.

— Vous cherchez le patron? Il est là-bas, derrière cette colonne . . .

Le patron était un gros homme avec une moustache. Monsieur Doré le salua, posa la grande valise par terre.

— Monsieur, dit-il, je viens de la part de la Société des Fromages Anglais. Vous connaissez sans doute . . .

L'énorme tête du patron roula de droite à gauche. Monsieur Doré ouvrit les bras d'un geste d'étonnement.

— Dans ce cas, désirez-vous jeter un coup d'œil? demanda-t-il.

— Non, dit le patron, j'en ai. Et il est très bon. Je ne tiens pas à en changer.

Monsieur Doré était maintenant très rouge. Il se frottait les mains. Soudain il se baissa, ouvrit sa valise, et offrit au patron un fragmen de fromage. Celui-ci le mangea et dit:

— Il n'est pas meilleur que le nôtre.

Answer questions 1 to 14 in sentences, using the appropriate tense in eac case.

1 Comment savez-vous que Monsieur Doré avait déjà fait beaucou de travail avant d'entrer dans ce restaurant?

2 Pourquoi Monsieur Doré cherchait-il le patron?

3 Pourquoi, à votre avis, Monsieur Doré a-t-il posé la grande valise par terre avant de parler au patron?

4 Pourquoi Monsieur Doré a-t-il ouvert les bras?

5 Quelle demande Monsieur Doré a-t-il faite au patron?

6 Le patron ne s'intéressait pas aux fromages de Monsieur Doré. Pour quelles raisons?

7 Pourquoi Monsieur Doré a-t-il ouvert sa valise?

8 Qu'est-ce que Monsieur Doré a fait pour persuader le patron de la qualité de ses fromages?

9 Qu'est-ce qu'un restaurant?

10 A quoi sert une nappe?

11 Donnez une raison pour laquelle un garçon de restaurant porte une serviette.

12 Que fait un monsieur pour saluer une dame?

13 Quand est-ce qu'on porte une valise généralement?

14 De quoi le fromage est-il fait?

B Read carefully the passage given below, then answer **in English** the questions which follow it.

Vers onze heures du matin, Marcel Lobligeois s'arrêta dans le jardin public pour regarder jouer les enfants. Le ballon roula jusqu'à lui et il le renvoya d'un coup de pied. Tandis que la partie reprenait, il se demanda ce que pensaient de lui les mères assises à l'ombre des ormes, sur des chaises de fer peintes en jaune. Il se plaisait à imaginer que certaines le prenaient pour un ancien champion de football ou pour un grand savant, resté très simple, ou pour un banquier, que son automobile américaine suivait à courte distance . . .

L'idée qu'il pouvait être confondu avec un de ces personnages le consolait en quelque sorte de n'être, à quarante-cinq ans, qu'un employé de bureau. Il gagnait peu, il vivait mal et rien ne laissait prévoir que sa situation allait s'améliorer dans les années à venir.

Il dépassa les joueurs de ballon et se dirigea vers le lac. Il allait traverser une allée, lorsqu'il aperçut dans le sable un petit objet de couleur sombre. Il le ramassa, l'épousseta: c'était un petit carnet, relié en cuir vert foncé. A peine l'eut-il ouvert, que le battement de son cœur se précipita. Glissés négligemment dans la pochette intérieure, des billets de banque se laissaient voir. De gros billets. Il les compta. Huit, de cinq cents francs chacun.

Marcel Lobligeois inspecta les alentours d'un regard rapide. L'endroit lui parut désert. Personne ne l'avait vu. Cela n'avait d'ailleurs aucune importance, car il allait, dès demain, rendre l'argent. Mais si le propriétaire du carnet avait omis d'y inscrire son adresse . . . L'adresse s'y trouvait: Jean de Bise, 50, Avenue Foch. S'il n'avait pas trouvé l'adresse, se dit-il, il aurait rapporté le carnet au commissariat. Et puis quelle drôle d'idée d'avoir tant d'argent dans un carnet. Cela prouvait que pour Monsieur Jean de Bise quatre mille francs, c'était une bagatelle. Peut-être même avait-il oublié la somme exacte qu'il avait dans le carnet! Peut-être ne regrettait-il qu'une chose — le carnet! Mais cet objet lui-même était visiblement sans valeur et la plupart des pages étaient blanches. Çà et là, il y avait simplement quelques phrases incohérentes, des chiffres, des numéros de téléphone, de petits dessins. Plus il réfléchissait à la question, plus Marcel Lobligeois se persuadait que Jean de Bise aurait moins de joie à retrouver son argent que lui à le garder.

1 (a) Where were the women who were watching Marcel Lobligeois and on what were they seated?
   (b) What did they see him do?
   (c) What did he imagine they might think about him?
   What were Marcel's real circumstances and prospects in life?
3 (a) Describe the little notebook which Marcel found.
   (b) How had he come to find it?
   (c) What was exciting about it?
4 "Plus il réfléchissait à la question, plus Marcel Lobligeois se persuadait que Jean de Bise aurait moins de joie à retrouver son argent que lui à le garder."
   (a) What conclusion did Marcel arrive at?
   (b) By what process of reasoning had he reached this conclusion?

VII *Southern Universities' Joint Board for School Examinations*
(a) *June 1966*
(a) Do not translate the following passage, but read it carefully before answering the questions in (b).
Je me couchai, mais le sommeil fut long à venir. Je me tournais dans mon lit de mauvaise humeur. Le silence régnait depuis longtemps lorsqu'il fut troublé par des pas lourds qui montaient l'escalier. Les marches de bois craquèrent fortement. "Quel imbécile!" m'écriai-je.

e parie qu'il va tomber dans l'escalier." Tout redevint tranquille.
 pris un livre pour changer le cours de mes idées. Je m'assoupis à la
oisième page mais je dormis mal et me réveillai plusieurs fois. Il
ouvait être cinq heures du matin et j'étais éveillé depuis plus de vingt
inutes lorsqu'un coq chanta. Le jour allait se lever. Alors j'entendis
stinctement les mêmes pas lourds, le même craquement de l'escalier
ue j'avais entendus avant de m'endormir. Cela me parut singulier.
essayai, en bâillant, de deviner pourquoi M. Alphonse se levait si
atin. J'allais refermer les yeux, lorsque mon attention fut de nouveau
xcitée par des trépignements étranges, auxquels se mêlèrent bientôt
 tintement des sonnettes et le bruit de portes qui s'ouvraient avec
acas; puis je distinguai des cris confus. Je m'habillai rapidement et
rtis sur le corridor. De l'extrémité opposée partaient des cris et des
mentations, et une voix déchirante dominait toutes les autres: "Mon
s! mon fils!" Il était évident qu'un malheur était arrivé à M. Alphonse.
 courus à sa chambre; elle était pleine de monde. Le premier spectacle
ui frappa ma vue, fut le jeune homme à demi vêtu, étendu en travers
r le lit, dont le bois était brisé. Il était livide, sans mouvement. Je
'approchai du lit et soulevai le corps du malheureux jeune homme:
 était déjà raide et froid. Il paraissait que sa mort avait été violente
 son agonie terrible. Mon pied posa sur quelque chose de dur qui se
ouvait sur le tapis: je me baissai et vis une bague de diamants.

) Answer by brief sentences in English, and in the order given, the
llowing questions on the above passage, confining your answers to
e material provided by the passage set.

 . What sound disturbed the night silence?
 . What did the writer do to make himself sleepy?
 . At what time did he wake up in the morning?
 . Why did the noises he heard on waking up seem strange to him?
 . From what new noise did he know that people were moving about?
 . Where did the sounds of distress come from?
 . In what position did he find M. Alphonse on entering his room?
 . What did the writer do with the body?
 . What are we told about the manner of M. Alphonse's death?
 . What object did the writer find on the carpet?

) *June 1967*
) Do not translate the following passage, but read it carefully before
swering the questions in (b).

Dans la petite voiture que traîne le fameux cheval si rapide, Henri et Raymond roulent par les ombreux chemins des montagnes vers ce village d'Amezqueta. Ils roulent vite; ils s'enfoncent au cœur d'une infinie région d'arbres. Et, à mesure que l'heure passe, tout devient plus paisible autour d'eux, et plus sauvage, plus primitif le pays basque. A l'ombre des branches, sur les berges de ces chemins il y a presque la même flore qu'en Bretagne; ces deux pays, d'ailleurs, le basque et le breton, se ressemblant toujours par le granit qui est partout et par l'habituelle pluie.

Partageant le voyage en deux étapes, les deux amis ont couché cette nuit à Mendichoco. Etienne, cependant, n'est pas avec eux. A la dernière minute une terreur est venue à Raymond de ce complice qu'il sentait capable de tout, même de tuer: dans une peur soudaine, il a refusé l'aide de cet homme qui pourtant saisissait la bride du cheval pour l'empêcher de partir: fiévreusement il lui a jeté de l'or dans les mains pour racheter la liberté d'agir seul, l'assurance du moins de ne pas se souiller de quelque crime. Il s'est senti la conscience allégée.

— Tu laisseras ma voiture à Aranotz chez l'aubergiste, avec qui c'est entendu, dit Henri. Tu comprends, moi, le coup fait, ma sœur partie avec toi, je vous quitte . . . Je suis en retard et nous avons une affaire avec quelques gens, des chevaux à passer en Espagne, à vingt minutes de route à pied et j'ai promis d'y être avant dix heures.

Deux places sont réservées pour Raymond et la sœur d'Henri, à bord d'un grand paquebot d'émigrants sur lequel les bagages sont embarqués et qui part demain soir de Bordeaux, emportant quelques centaines de Basques en Amérique. A cette station d'Aranotz, l'amante et l'amant, ils prendront le train pour Bayonne et ensuite l'express d'Irun à Bordeaux.

(b) Answer by brief sentences in English, and in the order given, the following questions on the above passage, confining your answers to the material provided by the passage set.

1 How does the nature of the landscape change as the two men proceed on their journey?
2 Name the points of similarity between the Basque and Breton countryside.
3 Why did Raymond give some gold to Etienne?
4 Why is Henri in a hurry to leave Raymond?
5 When and how is Raymond to leave France?

C. AURAL COMPREHENSION PASSAGES: C.S.E.

I   *Associated Lancashire Schools Examining Board. May 1967*

Procedure:

The passage printed below is to be read through once in its entirety at normal speed. Candidates are then to be told to turn over and study the questions in the answer book. Three minutes is to be allowed for studying the questions. The first section is then to be read again and the candidates will answer questions 1 to 9. The second section will be read and candidates will then answer questions 10 to 15. After a final complete reading candidates are to be given five minutes in which to revise their work.

Include the title in English before each reading.

A DAY AT THE ZOO

Section 1

Pierre a accompagné un groupe d'élèves qui est allé passer les vacances de Pâques à Paris. Les garçons étaient sous la direction de Monsieur Dupont, leur professeur d'histoire. Jeudi, pendant leur deuxième semaine, ils sont tous allés au Jardin des Plantes, jardin zoologique près de la Seine à l'est de Paris. Ayant quitté leur hôtel à neuf heures, ils sont arrivés au jardin trois quarts d'heure plus tard. Ils ont payé un franc cinquante l'entrée et d'abord sont allés regarder les lions qui mangeaient de gros morceaux de mouton. Pierre a vu leurs grandes dents blanches avec horreur!

Section 2

Après, ils se sont promenés vers les tigres. En route, ils ont rencontré deux éléphants qui portaient des enfants sur le dos. Tous les garçons se sont arrêtés pour regarder passer ces gros animaux gris. Tout à coup, un de ces éléphants a baissé la trompe et a pris le chapeau noir de leur professeur. A la surprise des spectateurs, l'animal l'a mis sur sa propre tête! Tous les garçons ont ri — et leur professeur aussi.

(Questions on page 179)

II   *East Anglian Examinations Board. May 1967*

Mode 1—North

Instructions to candidates:

"A story will be read to you in French.   You must not write while the teacher is speaking. After the first reading you will be allowed a short time for making notes. The story will be read a second time and again you will be allowed time for making more notes. Then the test begins. The story will be read a third time. The teacher will pause at certain places and will ask you questions in French, each of which will be repeated. Do not write until the teacher has finished asking the question. Then write the answer in French, using your notes to help you. The teacher will then ask the next question and so on. When the teacher has finished the story and all the questions, you will be allowed five minutes in which to revise your answers and correct them if you wish . . . . ."

VACANCES A PARIS

Charles voulait se perfectionner en français. Ce jeune Anglais qui habitait Southampton et qui venait d'arriver à Paris, était maintenant très fatigué. Il avait voyagé par le bateau de nuit. La mer n'était pas très bonne et il avait mal dormi. Ensuite il avait passé deux heures dans le train. Enfin il était bien installé chez ses amis français — la famille Lebrun. (*Pause here for questions during the third reading.*)

"Il faut bien vous reposer un peu," a dit Madame Lebrun. Donc à neuf heures il est allé se coucher en disant bonne nuit à ses hôtes. "N'oubliez pas de me réveiller demain matin de bonne heure," a-t-il dit. "Je veux me lever à sept heures. J'ai tant de choses à faire: voir Paris, les monuments, les musées, les parcs, enfin tout ce qui est intéressant." (*Pause here for questions during the third reading.*)

Mais le lendemain matin il a dit: "Je ne veux pas me lever. Je ne suis pas pressé. Je suis en vacances. Il est si bon de rester au lit." Il s'est levé enfin à midi et, descendu dans la cuisine, il a trouvé que Madame Lebrun préparait un déjeuner vraiment délicieux. Au bout d'une demi-heure Monsieur Lebrun est rentré de son bureau et alors toute la famille a commencé à manger.

(Questions on page 179)

II *East Midland Regional Examinations Board. May 1967*

nstructions to candidates:

'A passage in French will be read out to you once. You will then be iven a number of questions printed in English. With these questions n front of you, the passage will be read again in three sections, with a ninute's pause after each section.

During these pauses you may make notes on paper supplied by your chool. These notes are NOT required by the examiner. A third and inal reading without pauses will then be made.

You will then answer in English all the questions. You will be allowed maximum of fifteen minutes for writing your answers which need ot necessarily be complete sentences."

A cause du nouvel emploi de son père, Antoinette Tournier allait abiter une ville à trois cents kilomètres vers le nord. Elle avait entendu lire que les gens du nord n'aimaient pas les étrangers, surtout quand eux-ci étaient du sud. Donc, le matin du départ, elle n'était pas très eureuse.

Ce matin-là il faisait beau et le village où elle avait passé ses quinze ns semblait plus joli que jamais. En sortant du village la voiture passa levant son école où ses amis étaient en classe, et elle était fort triste.

*　　*　　*

Sa mère et son père respectaient son silence, mais après une demi- eure, la mère lui dit:

"Antoinette, quand nous arriverons à la nouvelle maison, tu m'aideras eut-être à choisir les rideaux neufs, et aussi à arranger les meubles."

"Oui, maman," répondit-elle, montrant de l'intérêt pour la première ois.

*　　*　　*

Le père, avec un petit sourire, ajouta:

"Et comme c'est aujourd'hui mercredi, nous pouvons passer les quatre jours suivants à nous bien installer, à regarder les beaux magasins le la ville, et peut-être nos nouveaux voisins avec leur fils et leur fille riendront prendre le café chez nous samedi soir. Les enfants pourront e donner des détails de ta nouvelle école, et, le premier matin, ils 'y accompagneront."

Enfin ils arrivèrent et descendirent de voiture; aussitôt les voisins sortirent pour leur dire bonjour, pour les inviter à prendre du thé et pour offrir leur aide.

*   *   *

(Questions on page 180)

IV   *Metropolitan Regional Examinations Board. May* 1967

Instructions to candidates:

First the complete passage will be read to you. You must not write anything during this reading. Then you will be given a sheet of paper containing questions on the passage. The questions are in English and you will be allowed three minutes in which to study these questions. You must not write anything during these three minutes. The passage will then be read again. In this second reading there will be an interval of ten minutes half-way through, and during this interval you are required to write *in English* the answers to questions 1 to 6. The remainder of the passage will then be read and you will be given a further ten minutes to write *in English* the answers to questions 7 to 13. The answers are to be written on the sheet containing the questions. Answer the questions as fully as possible *in English*.

Par un beau jour d'été, il y a cinq ans, l'école a reçu la visite d'un homme très important: Monsieur Dollivant, membre du gouvernement. Il allait parler au sujet des professions.

Il faisait très, très chaud, ce jour-là, donc le directeur a dit aux élèves d'aller écouter Monsieur Dollivant dans la cour. Un des professeurs a apporté une table et Monsieur Dollivant est monté dessus. Bientôt, le directeur et tous les professeurs étaient assis sur des chaises devant la table et deux cents élèves se tenaient debout derrière eux. Monsieur Dollivant a commencé à parler.

—

C'était un petit homme gros, et il parlait en regardant le ciel. Il ne regardait jamais ni les professeurs ni les élèves. De plus, il parlait d'une voix douce et la plupart d'entre eux n'entendaient rien à cause des autos et des camions qui passaient sur la route près de l'école. Bientôt, quelques-uns des professeurs dormaient, les autres ne faisaient attention à rien. Les élèves ont commencé à s'en aller, un à un, et très doucement.

Quand, enfin, l'homme important a fini de parler, il a regardé les gens dans la cour pour la première fois et il a vu — le directeur, les professeurs, et trois élèves!

Le lendemain, le directeur n'était pas trop content de ses élèves.

(Questions on page 180)

V *Middlesex Regional Examining Board. May 1967*

Instructions:

(1) The passage should be read once at normal speed, with expression appropriate to the meaning.

(2) The candidates will then have *three* minutes to study the questions.

(3) The second reading should also be at normal speed. A pause of half a minute should be made after each paragraph, shown by an *. The candidates may make rough notes on paper. Nothing is to be written by the candidates on their copies of the questions at this stage.

(4) The passage will then be read a third time at normal speed. Candidates will then write the answers on their copies of the questions . . . . .

Monsieur Martin demeurait avec sa femme et ses deux enfants au Canada. Il était ingénieur. Un jour il est rentré à la maison et a annoncé à sa famille:

— Nous irons demeurer en Europe, en France. J'ai trouvé un nouvel emploi dans une grande usine d'énergie atomique. L'usine se trouve dans la vallée du Rhône. Nous partirons pour la France en juillet.

*

Un jour vers la fin du mois de juillet, après un long voyage en bateau, les Martin sont arrivés en France où ils se sont installés dans un nouvel appartement dans la ville d'Avignon. L'appartement était tout près de la gare.

— C'est très pratique, a dit Madame Martin à son mari, tu pourras prendre le train chaque jour pour aller à l'usine.

*

Les enfants, Anne et Robert, étaient très contents aussi.

— Le concierge nous a dit qu'il y a une école secondaire à dix minutes d'ici, s'est exclamé Robert, nous pouvons y aller à pied.

— Très bien, a dit leur mère. Je suis sûre que nous allons être heureux ici en France. Cet appartement me plaît beaucoup. Tout marche à l'électricité, et il y a le chauffage central pour l'hiver.

— Oui, tout est idéal, a dit Monsieur Martin.

(Questions on page 181)

VI *North Western Secondary School Examinations Board. May 1967*

Instructions to candidates:

1 An introductory passage will be read to you by a man and a woman.

2 The first test passage will then be read to you, and during this reading you must not write anything.

3 You will then be given time to read carefully the questions on the passage. You must not yet write any answers.

4 The passage will then be read a second time, section by section. After each section you will hear (on the tape-recorder) a signal indicating that you are to answer the appropriate questions in English . . . . . You must not start writing until you hear this signal. The signal will again be heard just before the next section is read. Finally a further signal will indicate that the complete passage will be read through again without pauses, after which you will be given time to revise your answers.

5 The second passage will then be read to you in the same way.

Passage 1　　　　　A DANGEROUS GAME

1 Pendant les vacances de Noël André, le vieil ami de Martin, a inventé un jeu dangereux.

2 Il est entré dans le tunnel d'un chemin de fer et a couru d'un bout à l'autre.

3 "Tu as peur? Tu ne viens pas?" lui a dit André. "Suis-moi, mais sois prudent."

4 Il est rentré dans le tunnel et a commencé à courir. "Il est fou, mais je vais essayer," a pensé son ami.

5 Martin était le plus grand et il ne voulait pas paraître timide.

6 Lui aussi il y est entré en courant. Bientôt il s'est arrêté pour écouter.

7 Croyant entendre un rapide, il s'est précipité vers la fin du tunnel.

8 Malheureusement il est tombé et s'est fait mal au genou. Le sifflement du train remplissait tout le tunnel.

9 Il a dû se coucher près du mur et attendre quelques minutes pendant qu'un train de marchandises passait en faisant un bruit infernal.

(Questions on page 181)

Passage 2   LATE TO BED

1 A l'âge de seize ans Monsieur Moss était allé en France. Il arriva à Paris en avion après un voyage de quarante minutes.

2 Vers sept heures du soir il entra dans un restaurant où il y avait beaucoup de touristes étrangers.

3 Il y mangea une omelette aux champignons, du fromage et des fruits.

4 Puis il prit le train de huit heures pour aller à Lyon, mais il voulait descendre en route à une petite ville pour retrouver des amis qu'il avait connus en Angleterre.

5 Sorti de la gare il trouva que la plupart des hôtels étaient fermés ou complets. Enfin on lui indiqua un petit hôtel mal éclairé où il vit le propriétaire.

6 Il lui demanda si on pourrait lui donner une chambre. "C'est impossible," répondit le propriétaire, mais après quelques moments de discussion on lui offrit une salle de bain au premier étage.

7 C'est là qu'il passa la nuit, sans dormir, installé dans un vieux fauteuil.

8 Le lendemain, après avoir pris un bain, il but une tasse de café et partit de bonne heure.

(Questions on page 181)

VII *Southern Regional Examinations Board. May 1967*

a) Syllabus N
The passage will be read by the teacher at reasonable speaking speed. After the first reading, the candidate will be given a question paper containing five questions in English . . . . . The passage will then be read a second time after which the candidate will be required to answer the questions, in English.

DON'T BE CRUEL TO ANIMALS

Paul était un garçon cruel. Un jour il se promenait dans le parc. Voi?
un chien qui jouait. Le chien reniflait autour de lui. Paul lui jeta u
morceau de bois et le chien rapporta le bois immédiatement. Le chie
était seul et voulait se promener avec Paul.

Le garçon lança cette fois une balle.

"Va, rapporte-le-moi" dit-il.

Le chien courut après la balle. Une fois. Deux fois. Trois fois. Aprè
quelques minutes Paul commença à s'ennuyer du jeu. Pour s'amuse
il prit un pétard dans sa poche et l'alluma, il le lança très loin. Le chie
courut après.

Le voici qui revenait, très fier, avec le pétard dans la gueule entr
les dents.

Paul riait. Quel garçon cruel! C'était affreux. C'était dangereu>
Dans une seconde le pétard ferait explosion.

Boum! Le pétard éclata avec un bruit énorme. Heureusement
chien n'avait pas de mal.

Le chien mordit Paul, mais dur!

Paul n'avait que ce qu'il méritait.

(Questions on page 182)

(b) Syllabus S

Instructions to examiner. (To be read aloud to candidates.)

1　Question papers will be issued before the start of the examinatio
and will be kept face downwards until the end of the first reading
A separate sheet of paper will be issued at the same time for makin
notes. Such notes will be collected and destroyed at the end of th
examination.

2　The text will be read once at normal speed.

3　Candidates will be allowed to look at the questions.

4　The text is re-read.

5　After the second reading candidates are free to make notes on th
rough paper provided.

6　The text is read for the last time.

7　Candidates write their answers in **English** on the question paper
in spaces provided.

8　The time allowed for the Aural Test must not exceed thirt
minutes.

JEAN AND LUC GO CAMPING

"Moi, j'aime bien faire du camping. Et toi?" a dit André. "Mais bien sûr, ça me plaît beaucoup," a répondu Luc.

C'étaient deux camarades et pendant les grandes vacances ils partaient toujours à la campagne. Cette année à la suite de longues discussions, ils avaient choisi un coin sur une petite colline. Ils y sont arrivés à huit heures du soir.

"Je vais chercher du bois mort," a dit Luc.

"Et moi, je ferai le feu quand tu reviendras," a répondu André. Une heure plus tard ils ont mangé un bon repas.

Le lendemain matin une vache, en passant la tête par l'entrée de la tente, a réveillé Luc et André.

"Sortons regarder ce qu'il y a comme paysage," a proposé André. Mais pour toute réponse André a entendu:

"Laisse-moi tranquille, veux-tu?"

(Questions on page 182)

VIII *South-East Regional Examinations Board. May 1967*
(*a*) Questions and answers in *English*.
Instructions:
The title will be written on the blackboard. The whole passage will first be read out to the candidates in not more than two minutes. It will then be read a second time, section by section, and after each section the appropriate questions will be read out twice and answered. The whole passage will then be read a third time and the questions repeated at the end. Five minutes will be allowed for checking and revision.

LE CHALET DE MAILLOCHE

A

Mailloche est une petite ville du sud-ouest de la France. Les habitants sont fiers de leur vieux château, qui est là depuis des siècles, et ils sont également fiers de leur nouveau chalet, qui n'est là que depuis quelques mois.

B

Ce chalet appartient à un club de jeunesse. C'est un groupe de garçons et de jeunes filles de 15 à 18 ans, pleins d'enthousiasme et

M

d'énergie. Mais jusqu'ici il leur a manqué un endroit permanent pour leurs activités. Ils ont cherché partout un bâtiment convenable, mais sans succès.

C

Et puis, il y a quelques mois, on a eu une idée passionnante. Les jeunes pourraient construire, eux-mêmes, un chalet pour le club. On a accepté cette idée avec enthousiasme, on a préparé un plan, on a même persuadé les adultes de la ville de les aider. Le Maire et le Conseil municipal leur ont donné un terrain de 500 mètres carrés.

D

Quelques marchands sympathiques ont fourni du bois et d'autres matériaux de construction; les parents ont trouvé les meubles nécessaires.

E

On a organisé une fête pour gagner de l'argent et avec le profit on a pu acheter tout ce qu'il fallait pour compléter et équiper le bâtiment.

F

Après quoi, il n'a fallu que les efforts des membres du club pour faire de ces matériaux un chalet spacieux de 6 mètres sur 11. Ils l'ont construit pendant les vacances, en quelques semaines.

G

Maintenant, dans leur propre local, ils jouent, ils écoutent des disques, ils dansent, ils causent sur tous les sujets; c'est le lieu de rencontre des jeunes de Mailloche.

(Questions on page 183)

(b) Questions and answers in *French*.

Instructions:

The title will be written on the blackboard. The whole passage will first be read to the candidates in not more than two minutes. On the second reading a pause will be made at the interpolated numerals and the appropriate question(s) will be read out twice, being prefaced with the words "première question," "deuxième question," etc., and answered. (Candidates should be warned that two questions are asked on the final section.) The whole passage will then be read a third time and the questions repeated at the end. Ten minutes will be allowed for checking and revision.

UNE HEUREUSE DÉCOUVERTE

Dans le Midi de la France, parmi les collines qui montent derrière la Côte d'Azur, il y a beaucoup de villages anciens et pittoresques. (Qu. 1.) Ils se trouvent aux sommets des collines, entourés de murailles. Et à l'intérieur ces villages ont toujours gardé leur air du Moyen Age. Ce sont les endroits favoris des artistes. (Qu. 2.)
Un artiste anglais a acheté une petite maison dans un de ces villages. Il est professeur en Angleterre. (Qu. 3.) A la fin de chaque trimestre il part pour la France et il passe les vacances dans la tranquillité de ce village provençal. (Qu. 4.)
L'été dernier, son neveu Charles l'a accompagné. Il a pu aider son oncle à nettoyer et à décorer sa maison. (Qu. 5.) Le matin les deux Anglais travaillaient, et l'après-midi ils descendaient les cinq kilomètres qui les séparaient de la côte et ils se baignaient dans l'eau tiède de la Méditerranée. (Qu. 6.)
Un jour Charles a fait une découverte remarquable dans la cave de la maison. (Qu. 7.) Tous les bâtiments du village ont une cave souterraine; c'était autrefois l'endroit où étaient logés les animaux domestiques. (Qu. 8.)
Pendant que Charles balayait les débris et la poussière dans la cave de son oncle, il a découvert plusieurs pièces d'argent, datant du seizième siècle. Quelle trouvaille! (Qus. 9 and 10.)

(Questions on page 183)

IX *West Midlands Examinations Board. April 1967*

n structions to candidates:

1 Passage A will be read to the candidates at a reasonable speed.
2 During this first reading, candidates should have the answer papers for both passages, but with the questions concealed.
3 When Passage A has been read for the first time, candidates may be allowed two or three minutes in which to read through the questions for Passage A.

4   Passage A will then be read for the second time.
    Candidates should not write anything down during this reading.

5   After the second reading, candidates should answer the questions
    for Passage A in **English** on the form supplied. When they have
    had time to do this, the passage will be read for a third time.

6   After the third reading, candidates are to be given not more than
    five minutes in which to make their final corrections.

7   An identical procedure will then be followed for Passage B.

Passage A   ANNE-MARIE TAKES THE CHILDREN
                    BY TRAIN

C'est la première fois qu'Anne-Marie voyage seule en train avec ses
petits frères. Naturellement elle est contente d'aller passer huit jours
chez sa tante dans une ferme en Normandie. Mais elle est aussi un peu
inquiète en pensant à sa responsabilité.

Georges n'est pas toujours raisonnable et Anne-Marie n'a pas encore
beaucoup d'autorité sur lui.

Dans le compartiment Robert, le cadet des enfants, ne reste pas plus
de cinq minutes en place. Il ne s'arrête pas de poser des questions:
"Est-ce que nous arriverons bientôt?" etc.

Finalement, vers onze heures, pour occuper ses frères, Anne-Marie
suggère de déjeuner. Ils ne vont pas au wagon-restaurant, ils ont
apporté un panier rempli de provisions que Madame Giraud leur a
préparé; du pain beurré, des œufs durs, trois bonnes tranches de rosbif
avec des tomates, un demi-camembert, trois bananes et une bouteille
d'eau minérale. Pendant une bonne heure c'est la paix dans le compartiment.

Enfin le train arrive à sa destination et les enfants sautent de joie
en apercevant sur le quai leur cousin Jules qui est venu les chercher
en voiture.

(Questions on page 184)

Passage B   HOW I WAS INFORMED OF THE DEATH
                    OF MY GRANDFATHER

Je me rappellerai toujours comment j'ai appris la mort de mon
grand-père. J'étais pensionnaire au lycée, j'avais un peu plus de treize
ans. C'était le mois de juillet, je pensais déjà avec plaisir à l'approche

des vacances. Un matin, de très bonne heure, le concierge est venu me tirer de mon lit. "Levez-vous vite," a-t-il dit, "vos parents vous attendent en bas: surtout, ne réveillez pas vos camarades."

Vite, je me suis habillé, je suis descendu. Devant la porte se trouvait notre voiture. Papa était au volant. Maman, ordinairement si gaie, avait l'air très grave. Je suis monté à côté de mes sœurs. Personne ne parlait. Cela me paraissait étrange. En silence nous sommes partis du côté de la grand-route. Moi, cependant, j'étais tellement content de revoir ma famille que j'ai commencé à siffler.

"Tais-toi donc," a ordonné papa.

"Voyons, Pierre," a dit maman, "ce n'est pas le moment de siffler. Nous allons chez ta grand-mère. Grand-père est mort cette nuit."

(Questions on page 184)

D. AURAL COMPREHENSION PASSAGES: G.C.E.

I *Joint Matriculation Board. June 1966*

When the candidates are assembled, any proper names given in italics in the story are to be written on a blackboard. The following instructions are then to be read to the candidates:

Listen carefully to the passage which I am about to read to you in French. Questions in English on the passage will then be handed out to you: these are to be answered concisely in English. After you have had time to read these questions the passage will be read to you again. This second reading will be given in three sections. After each section has been read out there will be a pause of five minutes during which you may write your answers to the questions set on that section. When I have finished each section, and only then, begin to write your answers on the sheet provided. You must not ask for any word or phrase in the passage to be repeated. Any proper names in the story are written on the blackboard.

The first reading of the passage should take about **four** minutes in all, **but no longer.** The title is to be included in each reading.

The candidates' answer-sheets are to be collected immediately after the writing of the test . . . . .

MOVING HOUSE

Section 1

Pendant les jours de déménagement *Riquet*, le petit chien, errait tristement dans l'appartement qui se vidait peu à peu. Des hommes inconnus, mal vêtus, troublaient son repos. Les chaises lui étaient enlevées quand il s'y couchait et les tapis étaient tirés de dessous son pauvre derrière. Ces hommes venaient jusque dans la cuisine mettre leurs pieds dans son assiette et dans son bol d'eau fraîche.

Le jour du départ, il était au désespoir. *Pauline* faisait joyeusement sa malle, tandis que le pauvre petit chien pensait: "Voilà le pire! C'est la fin de tout!" Peut-être croyait-il que les choses n'existaient plus quand il ne les voyait plus.

Section 2

Riquet prit soin de ne pas regarder du côté de Pauline qui, cependant, remarqua son attitude triste. Comme elle la trouvait comique elle éclata de rire. Mais Riquet resta dans un coin de la chambre et ne tourna pas la tête. Il n'avait pas en ce moment le cœur à caresser sa jeune maîtresse et, par un secret instinct, il craignait de s'approcher de la malle ouverte. Pauline l'appela plusieurs fois. Et comme il ne répondait pas, elle alla le soulever dans ses bras. "Que tu es malheureux!" lui dit-elle. "Que tu es à plaindre!" Mais Riquet ne comprenait pas.

Section 3

Riquet ne bougeait pas dans les bras de Pauline et il faisait semblant de ne rien voir et de ne rien entendre. "Riquet, regarde-moi!" Elle fit trois fois cette demande, mais en vain. En disant "Stupide animal, disparais!" elle le jeta dans la malle, dont elle referma le couvercle sur lui. A ce moment, sa tante l'ayant appelée, Pauline sortit de la chambre, laissant Riquet dans la malle.

Riquet commença d'explorer sa prison noire. Il s'y appliquait depuis deux ou trois minutes quand Monsieur *Bergeret*, qui s'apprêtait à sortir, l'appela. Riquet répondit en aboyant et fut vite délivré. Il courut vers Pauline et se frotta contre ses jambes en signe de pardon.

(Questions on page 185)

II *Oxford Delegacy of Local Examinations. June 1967*

Teacher's instructions to candidates:

1 I shall read the passage through once at normal speed (including the title in English). You must listen carefully, but you must not take any notes.

2 Then I shall repeat the first paragraph, and after that I shall read out the three questions you are to answer on it. Again you must listen carefully, but you must not take any notes.

3 Then I shall read each question on its own and you will have two minutes to write your answer to each question. All answers must be written in French.

4 The second and third paragraphs and the questions on them will be dealt with in the same way.

5 After this I shall re-read the whole passage, and all the questions, then allow you five minutes for a final revision of your answers.

6 I shall write on the board two proper names which occur in the passage, François and Renault.

A NASTY ROAD ACCIDENT

François quitta l'autoroute et s'engagea dans une voie étroite e sinueuse à travers les bois et les champs. Tout à coup il remarqua sou la pluie ruisselante une voiture renversée à cent mètres, de l'autre côt de la route. Il y avait trois ou quatre personnes autour. Françoi ralentit, arrêta sa voiture sur l'herbe du bord derrière une Renau bleue et descendit.

Des témoins pâles et surexcités commentaient l'accident. Un gro homme disait: "Il n'était plus maître de sa voiture après le virage. I allait beaucoup trop vite, et sur une chaussée humide . . . Je l'ai v qui venait droit sur moi. J'ai freiné et suis monté sur l'herbe." A côt de lui sa femme pleurait dans un mouchoir sale. Tout près, au bord d la route, François vit des corps, étendus sous des couvertures, e soigneusement protégés contre la pluie: deux hommes, un jeune e un vieux.

"Et cette ambulance qui n'arrive pas!" dit un paysan. "Il y a bie dix minutes que j'ai téléphoné de la ferme." François, qui s'était accroup près des blessés, se releva après les avoir examinés longuement. "J pense qu'ils vont guérir," dit-il. "Le jeune n'est blessé qu'au visag et le vieux s'est évanoui, voilà tout."

(Questions on page 185)

III *Scottish Certificate of Education Examinations Board*

Instructions to candidates:
1 Listen carefully to the following passage with a view to answerin questions on its content.
2 The questions are to be answered in English.
3 The passage will be read **twice**, with an interval of three minute between the readings.
4 You may make notes between the two readings but not while the passage is being read.
5 You may not ask for the repetition of any word or phrase.

A *April 1966*

J'ai toujours admiré les gens qui sont capables de reconnaître, troi ans plus tard, une personne rencontrée au milieu de cinquante autres Moi, c'est tout le contraire. Dans mon enfance j'ai toujours été incapable de me rappeler les dates les plus simples de l'histoire de France, et maintenant je me trouve souvent dans des situations embarrassantes.

L'autre soir je rentrais chez moi sur la plate-forme de l'autobus quand une jeune fille monta et me sourit. Il me sembla bien l'avoir déjà rencontrée quelque part, mais où? En tout cas elle m'avait reconnu, donc je lui souris et dis:

— Comment allez-vous?

— Très bien, répondit-elle, mais j'ai beaucoup de travail en ce moment et j'ai hâte de partir en vacances.

La pensée me vint que ce devait être une étudiante rencontrée chez mon cousin François. Mais comment avais-je pu oublier un visage aussi charmant?

— Voyez-vous souvent François? demandai-je. Elle me regarda d'un air perplexe, puis elle dit:

— Je ne connais personne de ce nom.

Je m'étais donc trompé! Je ne savais pas qui elle était! Je réfléchis un instant puis je dis:

— Tenez, mademoiselle, êtes-vous sûre de me reconnaître?

Elle rougit, porta ses deux mains à ses joues et demanda d'un air terrifié:

— N'êtes-vous pas Adolphe? Oh, monsieur, qu'allez-vous penser?

Et comme l'autobus venait de s'arrêter elle descendit précipitamment et je n'eus pas le temps de lui dire que je m'appelais Pierre. Comme l'autobus se remettait en marche je bondis pour la rejoindre sur le boulevard. Elle marchait vite et elle sursauta quand je lui touchai le bras.

— Écoutez, mademoiselle, dis-je, voulez-vous me confier votre nom et peut-être aussi votre numéro de téléphone? Si nous nous rencontrons de nouveau, je veux vous saluer comme il faut.

Je n'avais ni crayon ni papier et elle ne me dit qu'une seule fois son nom et son numéro de téléphone; mais, chose étrange, je m'en souviens parfaitement!

(Questions on page 186)

B *May 1967*

A son arrivée Georges était allé au jardin retrouver son vieux grand-oncle Monsieur Dolonne qui, chaque jour, avant de se mettre à table, s'y reposait une heure sur un banc, en lisant son journal. Le vieillard avait embrassé Georges fort affectueusement et l'avait regardé avec plaisir. Monsieur Dolonne avait une barbe blanche, des yeux tristes derrière ses lunettes et un air découragé.

Il craignait tout, les tremblements de terre, les orages, les guerres et même la fin du monde. Il s'alarmait de toutes les maladies, même des plus rares. Mais il craignait surtout les incendies.

A midi Georges et son grand-oncle allèrent déjeuner. Vers la fin du repas Monsieur Dolonne, tout en buvant son café, continuait à observer son petit-neveu qui finissait de manger une aile de poulet rôti.

— Ernestine, dit-il à la vieille servante, versez-moi une seconde tasse de café. Puis il ôta ses lunettes pour en essuyer lentement les verres, que la fumée du café chaud avait ternis. Quand il les remit, il vit Georges qui ouvrait déjà son étui à cigarettes. Il rajusta ses lunettes et regarda le jeune homme d'un œil soupçonneux.

— Mon père m'a permis de fumer, mon oncle, dit Georges. J'espère que vous le voudrez bien aussi. C'est un plaisir innocent.

— Je ne le trouve pas coupable, dit en souriant Monsieur Dolonne, mais dangereux. Fume, mon enfant, si tu veux, mais songe combien le feu se communiquerait facilement à cette vieille maison. La moindre négligence pourrait causer un malheur auquel je ne veux même pas penser.

— Mais mon oncle, dit Georges, si vous avez peur d'un accident, je fumerai dehors, dans le jardin. Et il s'excusa et sortit.

Une heure plus tard Georges lisait dans le jardin quand un gros homme y entra en courant et cria à Monsieur Dolonne qui était assis à une fenêtre ouverte:

— Hé, Monsieur Dolonne, j'ai fait votre commission. On a essayé la pompe. Les pompiers sont prêts à venir. En cas d'incendie vous n'avez qu'à téléphoner.

(Questions on page 186)

E. AURAL COMPREHENSION QUESTIONS: C.S.E.

I *Associated Lancashire Schools Examining Board. May 1967*

Answer the following questions in English, giving as much information as possible.

1 With whom did Pierre go to Paris?
2 When did the boys go to Paris?
3 Who was leading this expedition? Give this person's name and job.
4 When precisely did the boys go to the zoo?
5 Where in Paris is this zoo situated?
6 At what time did the boys arrive at the zoo?
7 How much did they pay to go in?
8 What were the lions eating?
9 What horrified Pierre?
10 Where did the boys intend to go after watching the lions?
11 What were the two elephants doing when the boys first saw them?
12 What did the boys do when they noticed the elephants?
13 What did one of the elephants do?
14 What did it then do, much to the surprise of the spectators?
15 Who laughed?

II *East Anglian Examinations Board. May 1967*

Mode 1—North
Answer the following questions in French.

First Section
1 Comment Charles a-t-il fait le voyage de Southampton à Paris?
2 Pourquoi était-il fatigué?
3 Pourquoi était-il venu en France?

Second Section
4 Qu'est-ce qu'il a fait à neuf heures?
5 Qu'est-ce qu'il s'est proposé de faire le lendemain?

Third Section
6 Pourquoi est-il resté au lit le lendemain matin et quelles raisons a-t-il données?

7 Qu'est-ce que Madame Lebrun faisait pendant la matinée?
8 A quelle heure a-t-on commencé le déjeuner?

III *East Midland Regional Examinations Board. May 1967*

Answer the following questions . . . . . Your answers need not necessaril
be complete sentences. The marks for each question are shown i
brackets. (Total: 20)

1 Why was Antoinette Tournier moving to the new town? (1)
2 How far away and in what direction did it lie? (2)
3 What had she heard about the people she was to live amongst? (2
4 What was the weather like on the morning of her departure? (1)
5 How old was Antoinette? (1)
6 How did the family travel? (1)
7 Where were her friends at the time? (1)
8 How was Antoinette to help her mother in the new house? (2)
9 What day was it? (1)
10 What two things did the father suggest they could do, and wha
    might the neighbours do? (3)
11 What might the other children do to help her? (2)
12 What did the neighbours do on their arrival? (3)

IV *Metropolitan Regional Examinations Board. May 1967*

Answer the questions *in English* as fully as possible.

1 When did Monsieur Dollivant visit the school?
2 What was Monsieur Dollivant?
3 About what was he going to talk to the school?
4 Why did the headmaster send the pupils out into the yard?
5 Where did Monsieur Dollivant stand to deliver his speech?
6 Where were the teachers and where were the pupils?
7 Give *two* details about Monsieur Dollivant's appearance.
8 What was peculiar in the way he delivered his speech?
9 Why could the majority of the audience hear nothing of what h
    said?
10 Why were the pupils able to slip away without being noticed?
11 What did Monsieur Dollivant do at the end of his speech?
12 What did he see?
13 How did the headmaster feel about it all?

V *Middlesex Regional Examining Board. May 1967*

Answer the questions in English.
1 In what country did the Martins live before they moved?
2 What was Mr. Martin's profession?
3 In what sort of plant or station was he going to work?
*
4 How did the family travel when they left their homeland?
5 In what town did they settle?
6 How will Mr. Martin travel to work?
*
7 Who told the children about their new school?
8 What *two* features of the new flat does Mrs. Martin mention?
9 What was Mr. Martin's concluding remark?

VI *North Western Secondary School Examinations Board. May 1967*

Answer these questions in English.
Passage 1

1 (*a*) Who is André?
   (*b*) When did they play their game?
2 (*c*) Where did they play?
   (*d*) What did André do?
3 (*e*) and (*f*) What did André ask Martin?
   (*g*) and (*h*) What did he tell Martin to do?
4 (*i*) What did André do himself?
   (*j*) and (*k*) What did Martin think?
5 (*l*) and (*m*) Give *two* reasons for his thinking this.
6 (*n*) What did Martin then do?
   (*o*) Why did he stop?
7 (*p*) Why did he hurry on?
8 (*q*) What happened to him?
   (*r*) What could he hear?
9 (*s*) What did he have to do?
   (*t*) What made a terrible noise?

Passage 2

1 (*a*) How old was Mr. Moss when he set out?
   (*b*) How did he travel?

(c) How long did the journey take?

2 (d) When did he have a meal?

(e) Who else was in the restaurant?

3 (f) What did he eat?

4 (g) What train did he catch?

(h) Where did he mean to break his journey?

(i) What sort of people did he want to see at this place?

5 (j) What did he discover concerning the hotels?

(k) Where did he finally go?

(l) Whom did he see?

6 (m) What did he ask for?

(n) What reply was he given?

(o) What was he finally offered?

7 (p) What sort of night did he have?

(q) What did he sleep in?

8 (r) and (s) and (t) What *three* things did he do the next morning?

VII   *Southern Regional Examinations Board. May 1967*

(a) Syllabus N

Answer the following questions in English.

1 Where did this incident take place?

2 What did Paul first throw for the dog to pick up?

3 What did the dog run after next?

4 What did the cruel boy do with the firework cracker?

5 Was the dog hurt?

6 How did the dog get its revenge?

(b) Syllabus S

Answer the following questions in English.

1 How often did the two boys go camping?

2 How did they decide upon the choice of camp site?

3 When the boys had arrived at the camp site Luc's first job was important. Why?

4 How did the cow awaken the boys in the morning?

5 What did Luc think of André's idea of taking a look at the countryside?

VIII *South-East Regional Examinations Board. May 1967*

(*a*) *Answers to be given in English.*

A

1 The people of Mailloche are proud of two contrasting buildings in their town; what are they?

B

2 To whom does the chalet belong?

3 What was lacking in Mailloche until recently?

C

4 What did the members of the Youth Club decide to do about this situation?

5 How did the Mayor and Corporation help?

D

6 (*a*) Who else gave assistance?

(*b*) In what ways?

E

7 How was the money raised, and what was it used for?

F

8 What were the dimensions of the chalet?

9 When was it built and how long did it take to build?

G

10 State three activities for which the chalet is used.

(*b*) *Answers to be given in French.*

1 Qu'est-ce qu'on trouve parmi les collines du sud de la France?

2 Ces villages datent de quelle époque?

3 Qui a acheté une maison dans ce village?

4 Quand habite-t-il cette maison?

5 Comment Charles a-t-il aidé son oncle?

6 Que faisait-on l'après-midi?

7 Où est-ce que Charles a fait sa découverte?

8 A quoi servaient les caves autrefois?

9 Qu'est-ce que Charles faisait dans la cave?

10 Qu'est-ce qu'il a trouvé sous la poussière?

IX   *West Midlands Examinations Board. April 1966*

Answer in English the following questions. The figure in brackets after each question gives the number of points to be mentioned. Single-word answers are permitted, where appropriate.

Passage A

1 Whom is Anne-Marie taking with her? (1)
2 Where is she going and for how long? (3)
3 Why does Anne-Marie find Georges difficult? (2)
4 What does the younger brother keep doing? (1)
5 What does Anne-Marie decide to do and at what time? (2)
6 Name three of the articles in the basket. (3)
7 For how long is all quiet? (1)
8 Who has come to meet the children and what do they do when they see him? (2)

Passage B

1 Where was the author when this incident happened and exactly how old was he? (3)
2 Why was he thinking about the holidays? (1)
3 Who woke him up and at what time? (2)
4 State two of the things which this person said to him. (2)
5 Where exactly was the boy's father? (1)
6 What did the boy think strange? (1)
7 Which way did they go? (1)
8 Why did the boy whistle? (2)
9 Where did his mother tell him they were going and why? (2)

F. AURAL COMPREHENSION QUESTIONS: G.C.E.

I *Joint Matriculation Board. June 1966*

Answer in English the following questions: complete sentences are not required.

Section 1

(a) What did Riquet do during the removal period?

(b) Who disturbed Riquet's rest and how? What damage did they do in the kitchen?

(c) What possible explanation is given for Riquet's belief that the world was coming to an end?

Section 2

(d) What did Pauline think of Riquet's sad attitude and how did she react to it?

(e) Where exactly did Riquet remain and why did he not make a fuss of his mistress?

(f) What did Riquet's instinct warn him not to do?

(g) What did Pauline do and say when Riquet did not answer her call?

Section 3

(h) What did Pauline do to Riquet because she thought him stupid? Why did she leave him there?

(j) How did Riquet pass the time till his release? What was Monsieur Bergeret doing when he called Riquet?

(k) How did Riquet show he forgave Pauline?

II *Oxford Delegacy of Local Examinations. June 1967*

Questions to be answered in French.

I (1) Quel temps faisait-il le jour de l'accident?

  (2) Comment François a-t-il su qu'il y avait eu un accident?

  (3) Pourquoi François a-t-il arrêté sa voiture sur l'herbe du bord et pas sur la chaussée?

II (4) Comment, selon le gros homme, l'accident s'était-il produit?

  (5) Qu'est-ce que le gros homme avait fait pour éviter une collision?

  (6) Quel secours avait-on porté aux blessés?

N

III (7) Qu'est-ce que le paysan avait fait pour aider les blessés?

(8) Qu'est-ce que François a fait quand il est arrivé?

(9) Pourquoi François pensait-il que les blessés n'allaient pas mourir?

III   Scottish Certificate of Education Examinations Board

Answers are to be written in English.

A *April 1966*

1   What ability does the author admire in others? How did the lack of this ability affect him in his childhood?

2   Where was he at the time of the incident described? What did he think when he was joined by the young lady? What made him think this?

3   What information did she give him about herself and what did he conclude from this? How did he learn that he was wrong?

4   How did the young lady react when she realised her own mistake?

5   What information does the author remember perfectly and why does the fact that he remembers this surprise him? How did he acquire this information?

B *May 1967*

1   (*a*) Why was Monsieur Dolonne in the garden when Georges arrived?

(*b*) How did he show his affection for his grand-nephew?

(*c*) Describe the old man.

2   Monsieur Dolonne lived in a state of continual apprehension. What above all was he afraid of?

3   Why had Monsieur Dolonne failed to see Georges taking out his cigarette case?

4   (*a*) What objection did Monsieur Dolonne have to smoking and why?

(*b*) How did Georges try to meet this objection?

5   What happened an hour later to show that Georges had not succeeded in allaying his great-uncle's fears?

French-English Vocabulary

A

aboyer, to bark
accabler, to overwhelm
accueillir, to welcome
l'accidenté (m), victim (of accident)
accorder, to grant
accrocher, to catch
acheter, to buy
l'acier (m), steel
actuel, of the moment
actuellement, at present
l'affiche (f), poster, placard
affreux, dreadful
l'âge (m), age; **le Moyen Age,** Middle Ages
l'aïeul (m), ancestor
l'ail (m), garlic
ailleurs, elsewhere
d'ailleurs, besides, moreover
agir, to act; **il s'agit de,** it is a question of
aîné, elder
l'alimentation générale (f), general shop
alimenter, to feed
l'allée (f), path
l'allumette (f), match
l'alpinisme (m), mountaineering
l'ambassade (f), embassy
l'ambiance (f), atmosphere
améliorer, to improve
l'ampoule (f), electric-light bulb
l'âne (m), donkey
l'annonce (f), advertisement, announcement

l'appareil (m), piece of equipment
appareiller, to get ready to sail
l'appartement (m), flat; **l'appartement meublé,** furnished flat
appartenir, to belong
l'aquarelle (f), water-colour
l'argenterie (f), silver plate
l'arbitre (m), referee
arracher, to pull up, pull out
l'arrêt (m), stop; **l'arrêt facultatif,** request-stop
arrêter, to stop, arrest; **s'arrêter net,** to stop short
arriver, to arrive, happen
arroser, to water
l'ascenseur (m), lift
les asperges (f), asparagus
l'aspirateur (m), vacuum-cleaner
s'assagir, to become wiser
l'assiette (f), plate
assister à, to be present at
assorti, matching
s'assoupir, to doze off
assourdir, to deafen
l'astre (m), heavenly body, star
atteindre, to reach
l'atterrissage (m), landing
attirer, to attract
attrayant, attractive
l'aube (f), dawn
au lieu de, instead of
auparavant, formerly
l'autoroute (f), motorway
l'auto-stoppeur (m), hitch-hiker

autrefois, formerly

l'autruche (f), ostrich

l'avant (m), forward (in football)

l'avenir (m), future

l'avion (m), aeroplane; **l'avion à réaction,** jet plane

l'avis (m), opinion, instruction

B

la baguette, wand; long French loaf

le balai, broom

la balançoire, see-saw

balbutier, to stammer

le banc, bench

la bande magnétique, tape (for recording)

la bandoulière, shoulder-strap

la banlieue, suburbs

la banque, bank

la banquette, bench-seat

le banquier, banker

le baquet, tub

le bas, stocking

la basse-cour, poultry-yard, farmyard

le bassin, ornamental lake; water-tank

la bataille, battle

le bâtiment, building

bâtir, to build

bavard, talkative

beau, beautiful, handsome; **faire le beau,** to sit up and beg

le beau-frère, brother-in-law

la bêche, spade

bercer, to lull

la bêtise, blunder

la bière, beer; **la bière blonde,** pale ale

le bigoudi, curler

la blessure, injury

bleu, blue; **le bleu,** bruise; **le cordon bleu,** excellent cook; **la truite au bleu,** trout cooked in water and wine

le blouson, windcheater

le bohémien, gipsy

la boîte, box

la bombe glacée, fancy ice-cream

le bonheur, happiness

la bonne, maid; **la bonne à tout faire,** maid of all work

le bord, edge, shore, bank

borné, limited

la bosse, hump

la botte, boot; bunch

boucler, to fasten

bouffant, baggy

la bougie, candle

le bouquet, aroma

la Bourse, Stock Exchange

bousculer, to jostle

la boussole, compass

le bout, end; **à bout de souffle,** out of breath; **en venir à bout,** to manage

le bouton, button

la bouteille, bottle

le braconnier, poacher

le braiment, braying

la brasse sur le dos, back-stroke

le bricoleur, handyman

le briquet, cigarette-lighter

la brosse, brush; **la brosse à dents,** toothbrush

la brouette, wheelbarrow

le brouillon, rough-copy

la brûlure, burn

brumeux, misty

le bureau, office, desk

C

le **cabinet**, small room; le **cabinet de travail**, study
le **cache-nez**, muffler
la **cachette**, hiding-place; **en cachette**, secretly
le **cadeau**, gift
cadet, cadette, younger
caduc, decrepit
la **cafetière**, coffee-pot
la **caisse**, cash-desk
la **caméra**, cine-camera
le **camion**, lorry
la **campagne**, country, campaign
le **canotage**, boating
le **caoutchouc**, rubber
carié, decayed
carré, square
le **carrefour**, cross-roads
la **carrière**, career
la **cartouche**, cartridge
la **casquette**, cap
casser, to break
le **catch**, all-in wrestling
causer, to chat
le **causeur**, talker
la **cave**, cellar
la **ceinture**, belt; la **ceinture de sécurité**, safety-belt
le **célibataire**, bachelor
le **chameau**, camel
la **chambre**, bedroom; la **chambre de débarras**, box-room
le **chapeau**, hat; le **chapeau haut de forme**, top hat
le **chapelet**, string (of onions)
le **chapiteau**, big-top (in circus)
chaque, each
le **char**, float (in a procession)
charger, to load
le **chariot (de porteur)**, truck, trolley

la **chasse**, hunting, shooting
le **chasseur**, commissionaire
le **chauffard**, road-hog, inconsiderate driver
chauffer, to heat; le **chauffage**, heating
la **chaussée**, roadway
la **chaussette**, sock
les **chaussures** (f), footwear, shoes
le **chef-d'œuvre**, masterpiece
le **chemin**, road, path; le **chemin vicinal**, country road
la **cheminée**, fire-place
la **chemise**, shirt
la **chenille**, caterpillar
chercher, to look for; **chercher à**, to try to
le **chevalet**, easel
les **cheveux** (m), hair
la **chèvre**, goat
le **chevron**, herring-bone pattern
le **chez-soi**, home
la **chicorée frisée**, endive
le **chœur**, choir
le **choix**, choice; **avoir l'embarras du choix**, to have too much to choose from
la **chute**, fall
la **cigale**, cicada
cingler, to lash
la **circulation**, traffic
cirer, to polish
le **cirque**, circus
le **citron**, lemon; le **citron pressé**, lemon drink
le **civet**, stew; le **civet de lièvre**, jugged hare
claquer, to bang, crack
le **clou**, nail
coasser, to croak
le **coffre à bagages**, car boot
le **coin**, corner

coincé, wedged
la colère, anger
le colis, parcel
la colline, hill
le commerçant, tradesman,
    shopkeeper
le commis, clerk
le commutateur, electric-light
    switch
le complet, suit
le compte, account; se rendre
    compte de, to realize
le compteur, meter (gas, elec-
    tricity)
le concours, competition
la conduite, conduct; la con-
    duite d'eau, water-main
confier, to entrust
le congé, holiday
la connaissance, acquaintance;
    reprendre connaissance,
    to regain consciousness
la conquête, conquest
le conseil, piece of advice
le conseiller, councillor
la conserve, tinned food
la consommation, drink
constater, to ascertain
le contre-sens, misinterpretation
le contrôleur, ticket-inspector
convaincre, to convince
le (la) convive, guest
le cor, horn
la corde, rope; la corde raide,
    tight-rope
la cornemuse, bagpipes
le corps, body, brigade
le (la) Corse, Corsican (person)
la Corse, Corsica
la côte, coast
le côté, side
le coteau, hillside

la couche, layer
le coucher du soleil, sunset
coudre, to sew
couler, to flow
le couloir, corridor
le coup, blow, blast; le coup de
    collier, effort; le coup de
    sifflet, whistle; le coup de
    soleil, sunstroke
coupable, guilty
couper, to cut; couper le con-
    tact, to switch off the engine;
    couper le souffle, to take
    (one's) breath away
le courant, current; le courant
    d'air, draught
la courbe, curve
le courrier, mail
le cours d'eau, stream
la course, race, errand
la coutellerie, cutler's shop,
    cutlery
le couturier, dress-designer,
    dressmaker
la couverture, blanket
couvrir, to cover; couvert,
    overcast
se cramponner, to cling
la crèche, crib
créer, to create
la crêpe, pancake
la crise, crisis; la crise de nerfs,
    attack of nerves
croisé, double-breasted
le croiseur, cruiser
la croupe, crupper; en croupe,
    riding behind
le cuir, leather
la cuisine, kitchen, cooking
la cuisinière, cook, cooker
le cuivre, copper
la culotte, short trousers

D

le **dauphin,** dolphin
déboucler, to unfasten
débrouillard, resourceful
se **débrouiller,** to cope
le **débutant,** beginner
déchirer, to tear
déclencher, to release
le **décollage,** take-off (aeroplane)
découper, to cut up
décrire, to describe
déçu, disappointed
le **défaut,** defect
défendre, to forbid
le **défilé,** procession
se **délasser,** to relax
déménager, to move house
la **dentelle,** lace
dépenser, to spend
déposer, to put down
déranger, to disturb
désolé, distressed
désorienté, bewildered
le **dessin,** drawing; **les dessins
animés,** cartoons
se **détendre,** to relax
la **dette,** debt
devancer, to forestall
le **dévouement,** loyalty, devotion
digne, worthy
direct, direct; **téléviser en
direct,** to televise "live"
le **disque,** gramophone record;
discus
se **divertir,** to amuse oneself
le **dompteur,** tamer
le **don Juan,** lady-killer
se **dorer,** to get brown
la **dot,** dowry
la **douche,** shower
la **dragée,** sugared almond
le **dressage,** training (of horses)

dresser, to pitch (tent)
le **droit,** right; **les droits
d'auteur,** royalties
dur, hard
durer, to last

E

l'**eau** (f), water; **l'eau de javel,**
bleach; **l'eau-de-vie,** brandy
ébahi, dumbfounded
s'**échapper,** to escape
l'**échelle** (f), ladder
l'**éclairage** (m), lighting
éclater, to burst; **éclater de
rire,** to burst out laughing
l'**écran** (m), screen
l'**écrivain** (m), writer
l'**écuyer** (m), l'**écuyère** (f),
rider
s'**efforcer de,** to try
effrayant, frightening
égaler, to equal
l'**égard** (m), respect; **à l'égard
de,** with respect to
l'**église** (f), church
l'**électrophone** (m), record-
player
l'**élevage** (m), rearing
s'**éloigner,** to move away
l'**embarcadère** (m), landing-
stage
l'**embarcation** (f), boat
embaumer, to scent
l'**émission** (f), broadcast
empêcher, to prevent
empirer, to make worse
l'**endroit** (m), place, spot
s'**enfuir,** to make off
s'**ennuyer,** to be bored
l'**enquête** (f), enquiry
l'**enregistrement** (m), registry,
registration

enregistrer, to record
l'enseignement (m), teaching
ensoleillé, sunny
entamer, to begin (conversation)
entasser, to pile up
l'entente (f), understanding, agreement
entourer, to surround
s'entraîner, to train
l'entrepreneur (m), builder
entretenir, to maintain; bien entretenu, well-kept
éperdu, lost, bewildered
les épinards (m), spinach
éplucher, to peel
épuiser, to exhaust
l'équipe (f), team
l'équitation (f), riding
errer, to wander
l'escalade (f), climb
l'escargot (m), snail
l'escrime (f), fencing
l'espace (m), space
l'espèce (f), kind
espérer, to hope
l'essence (f) petrol
l'esthéticienne (f), beauty specialist
l'estrade (f), platform
l'étage (m), storey
l'étagère (f), shelf
l'étalage (m), display, stall
l'étang (m), pool, pond, lagoon
l'étape (f), stage (of journey)
éteindre, to extinguish
étendre, to extend, spread
étinceler, to sparkle
l'étincelle (f), spark
l'étoile (f), star
étourdi, thoughtless, careless
étranger, foreign

étroit, narrow
l'étudiant (m), student
étudier, to study
l'évier, sink
l'événement (m), event
éviter, to avoid
l'excuse (f), excuse, apology
l'expérience (f), experiment
expérimenté, experienced
exposer, to exhibit
l'exposition (f), exhibition
extasié, enraptured

F

se fâcher, to get angry
le facteur, postman
faillir, to fail; j'ai failli tomber, I almost fell
faire la grimace, to pull a face
faire sa retraite, to retire
le fard, rouge, make-up
la faute, fault, mistake
le fauteuil, armchair
le fer, iron; le fer forgé, wrought-iron
fermer, to close; fermer à clef, to lock
la fermeture, fastening; la fermeture éclair, zip-fastener
le festin, banquet
le feu, fire; les feux d'artifice, fireworks
la feuille, leaf
la fièvre, high temperature
le figuier, fig-tree
le filet, net; luggage rack
le film à vues fixes, film strip
le flamant, flamingo
flamber, to blaze
fléchir, to bend, flex
fleuri, covered with flowers

le foie, liver
la fois, time, occasion
le fonctionnaire, civil servant
le fond, bottom, back
le fouet, whip
la foule, crowd
fouler, to sprain
la fourchette, fork
le fourneau, stove
fournir, to supply
fourrer, to cram
la fourrure, fur
frais, fresh, cool
les frais (m), expenses
la fraise, strawberry
franchir, to cross
la franchise, frankness
frapper, to strike
freiner, to brake
frileux, chilly
le frisson, shudder, thrill
la fumée, smoke
le fumet, smell (of food cooking)
le funambule, tight-rope walker
la fusée, rocket
le fusible, fuse
le fusil, gun

G

gaillard, hearty; frais et gaillard, hale and hearty
le garçon, boy; le garçon de café, waiter
le garde champêtre, rural policeman
garder, to keep
le gardian, cowboy (of the Camargue)
garni, with something extra, garnished
le gazon, turf, grass
géant, gigantic

gêner, to inconvenience
le génie, genius
le genou, knee
le genre, kind; cela fait bon genre, it sounds well
le gérant, manager
gésir, to lie
la gibecière, game-bag
le gibier, game
le gilet, waistcoat
le gitan, gipsy
la glace, ice
la glissade, slide
glissant, slippery
gonfler, to swell out
gourmand, greedy
le goût, taste
la goutte, drop (of liquid)
la gouttière, guttering
le gouvernail, rudder
la grâce, thanksgiving
gracieux, graceful
la grappe, bunch
la grenouille, frog
la grève, strike
griffonner, to scribble
la grille, iron gate
le grimpeur, climber
gronder, to scold
grossir, to put on weight
la guerre, war
le guichet, ticket-office

H

habile, skilful
s'habiller, to get dressed
l'habitude (f), habit; d'habitude, usually
la haie, hedge
la hardiesse, daring, pluck
hautain, disdainful
heurter, to bump into

l'huile (f), oil
l'huître (f), oyster
hurler, to howl

I

l'île (f), island
l'immeuble (m), block of flats
l'impératrice (f), empress
imprévu, unforeseen
inattendu, unexpected
l'incendie (m), fire
inconnu, unknown
incroyable, unbelievable
l'indéfrisable (m), permanent wave
l'ingénieur (m), engineer
inquiéter, to worry
les intempéries (f), bad weather
s'intéresser à, to be interested in
l'invité (m), guest
ivre, drunk

J

jaillir, to gush out
le jardin, garden
le jardinage, gardening
le jeu, game; le jeu de boules, bowls
jeune, young
la jeunesse, youth
jouir de, to enjoy
le jumeau, la jumelle, twin
la jupe, skirt

K

le klaxon, motor-horn

L

lâcher, to let go
le lait, milk
la laitue, lettuce
la langue, language

le lapin, rabbit
les larmes (f), tears
le laurier, bay laurel
le lecteur, reader
la lecture, reading
la légende, inscription
léger, light
léguer, to bequeath
le légume, vegetable
la lessive, washing
la librairie, bookshop
libre, free
lier, to tie
le lieu, place; avoir lieu, to take place
le lièvre, hare
la linotte, linnet; une tête de linotte, empty-headed person
la livraison, delivery
livrer, to deliver; livrer à domicile, to deliver to the door
la location, hiring
loin, far
lointain, distant
louer, to rent, hire; praise
le loyer, rent
la lueur, light, glow
la luge, toboggan
la lumière, light
la lune, moon
les lunettes solaires (f), sunglasses
la lutte, wrestling
lutter, to struggle
le lycéen, grammar-school boy

M

la machine à laver, washing machine
le maçon, mason

e **magnétophone,** tape-recorder
maigre, thin
maigrir, to grow thin
e **maillot,** jersey
a **mairie,** town hall
a **maison,** house; **la maison jumelle,** semi-detached house
e **maître,** master; **le maître d'hôtel,** head waiter; **le maître de manège,** ringmaster
e **mal de mer,** seasickness
malgré, in spite of
e **malheur,** misfortune; **pour comble de malheur,** to crown all
a **Manche,** English Channel
a **manie,** mania, craze
e **manteau,** coat
e **maquillage,** make-up
e **maraîcher,** market-gardener
e **marais,** marsh
e **marché,** market
marcher, to walk; to work (function)
e **Mardi gras,** Shrove Tuesday
e **marin,** sailor
a **marine,** navy
a **marraine,** godmother
a **méchanceté,** wickedness, naughtiness
e **mécanicien,** mechanic
méconnu, unrecognized
a **médaille,** medal
méfiant, distrustful
même, same, even
e **ménage,** household; **la femme de ménage,** charwoman
a **ménagère,** housewife
e **menuisier,** carpenter

méprendre, to misunderstand
méridional, southern
les **meubles** (m), furniture
le **Midi,** South of France
le **ministre de l'Intérieur,** Home Secretary
la **mise en plis,** set, setting
mordre, to bite
morne, gloomy, sad
la **mort,** death
le **moteur,** engine
moucheté, spotted, speckled
le **mouchoir,** handkerchief
mouillé, wet
se **mouiller,** to become wet
le **moustique,** mosquito
le **moyen,** means
muet, silent, dumb
le **muscat,** muscatel wine
la **musette,** bagpipes, haversack

N

la **nage,** swimming stroke
la **nappe,** table-cloth
natal, native
navré, heartbroken
neuf, nine, new
le **nid,** nest
n'importe qui, no matter who
la **noce,** wedding party
la **nostalgie,** homesickness
les **nouilles** (f), noodles
nu, bare
les **nues** (f), clouds
la **nuit,** night; **passer une nuit blanche,** to spend a sleepless night

O

l'**Océan** (m), Atlantic Ocean
l'**œillet** (m), carnation
l'**oie** (f), goose

l'oignon (m), onion
l'olivier (m), olive-tree
l'ombre (f), shade
l'ongle (m), nail
l'or (m), gold
s'orienter, to get one's bearings
originaire native
orner, to decorate
l'orthographe (f), spelling
oser, to dare
oublier, to forget
l'ourlet (m), hem
l'ours (m), bear
l'ouvrier (m), workman

P

la pagaie, paddle (canoe)
la paix, peace
la panne, breakdown; en panne, out of order
le pantalon, trousers
les paperasses (f), (old) papers
le paquebot, steamer
le pardon, religious procession
les parents (m), parents, relations
paresseux, lazy
le parfum, scent, flavour
la parole, word; porter la parole, act as spokesman
le parrain, godfather
partager, to share
le parterre, (flower) bed
le passage clouté, pedestrian crossing
se passer de, to do without
se passionner pour, to be fond of
le patinage, skating
la patrie, country (fatherland, motherland)
le patron, boss
le pays, country
le paysage, landscape

la peau, skin
la pêche, fishing
le pêcher, peach-tree
peigner, to comb
la peine, difficulty; à peine, scarcely
peiner, to grieve
le peintre, painter
la peinture, paint, painting
la pelouse, lawn
pencher, to lean
la pension, boarding-house
la pente, slope
la perche, pole
la périssoire, single canoe
le permis de conduire, driving licence
la permission, permission; en permission, on leave
la perruque, wig
la persienne, slatted shutter
le persil, parsley
la perte, loss
le photographe, photographer
le physicien, physicist
la pièce, room, play
la pierre, stone
le pin, pine
le pinceau, paint-brush
piquer, to prick, sting; piquer une tête, to dive headlong
la piste, track; la piste d'envo runway
le placard, cupboard
la place, square, seat
la plage, beach
la plaie, wound
se plaire à, to enjoy
la plaisanterie, joke
planer, to glide
planter, to plant, drive in
plat, flat

le **plat**, dish
le **platane**, plane-tree
le **plateau**, tray, plateau
pliant, folding
plier, to fold
le **plombier**, plumber
plonger, to dive
plutôt, rather
le **pouce**, thumb, inch
le **poids**, weight
la **poignée**, knob, handle
la **pointe**, point; **les heures de pointe**, rush hours
le **poireau**, leek
le **poisson**, fish
le **poivron**, pepper (vegetable)
la **pomme**, apple; **la pomme de terre**, potato; **les pommes frites**, chips
le **pompier**, le **sapeur-pompier**, fireman
le **pont**, bridge
le **portillon**, platform-barrier
potelé, chubby
poudreux, dusty
pousser, to push, grow
poussiéreux, dusty
le **poussin**, chicken
la **poutre**, beam
pratiquer, to practise, make (hole)
prêcher, to preach
le **prénom**, first name
pressé, in a hurry
se **presser**, to hurry
prêt, ready
prêter, to lend
le **prêtre**, priest
la **preuve**, proof
la **prise de courant**, electric point
prochain, next

promettre, to promise
le **prophète**, prophet
propre, own; clean
le **propriétaire**, owner
protéger, to protect
provenir de, to come from
la **puissance**, power; **la puissance de l'habitude**, force of habit

Q

quand même, nevertheless

R

le **radis**, radish
se **rafraîchir**, to take some refreshment
le **raisin**, grapes
ralentir, to slow down
rallonger, to lengthen
ramasser, to pick up, collect
la **rame**, oar; tube-train
ramer, to row
ranger, to tidy, put away
le **rapide**, express-train
le **rapport**, connection; **par rapport à**, in relation to
rapporter, to bring back
rater, to ruin
ravi, delighted
la **recette**, recipe
le **réchaud**, stove
la **recherche**, research
le **récit**, account
se **réfugier**, to take refuge
se **régaler**, to feast
la **relâche**, relaxation; respite
recommander, to register (post), recommend, advise
recommencer de plus belle, to begin again with renewed energy

la **reconnaissance,** gratitude

la **redingote,** overcoat, frock-
coat

le **régime,** diet

régler, to control

régner, to rule

regorger, to overflow

regretter, to miss

remettre, to postpone

les **renseignements** (m), information

les **rentes** (f), private income

renverser, to overturn, knock
down

repasser, to iron

reposer, to rest

résoudre, to decide, solve

retaper, to do up, restore

retirer, to withdraw

retourner, to return, turn
over

la **retraite,** retirement

retrancher, to subtract

se **réunir,** to meet together

réussir (à), to succeed

le **rêve,** dream

le **réveillon,** supper after mid-
night mass (Christmas, New
Year)

rêver, to dream

le **revers,** lapel; turn-up (of
trousers)

réveiller, to wake

les **rillettes** (f), potted pork

le **rivage,** shore

le **riz,** rice

le **robinet,** tap

le **roman,** novel; le **roman
policier,** detective novel

le **romarin,** rosemary

le **rosier,** rose-tree

la **roue,** wheel

le **rouge à lèvres,** lip-stick

rouler, to roll, travel along

rouspéter, to protest

le **ruisseau,** stream

rugir, to roar

rusé, cunning

S

le **sable,** sand

sale, dirty

le **sang,** blood

sangloter, to sob

la **santé,** health

le **santon,** clay figure (for crib)

le **sardinier,** sardine-boat

le **saucisson,** sausage, salami

sauf, except; **sain et sauf,**
safe and sound

le **saumon,** salmon

le **saut,** jump

sauter à cloche-pied, to hop

se **sauver,** to run off

le **sauvetage,** rescue

le **savon,** soap

la **scène,** stage

sécher, to dry

séduire, to attract

séduisant, attractive

le **séjour,** stay

le **sel,** salt

sembler, to seem

le **serin,** canary

le **serrurier,** locksmith

la **serveuse,** waitress

le **siècle,** century

siffler, to whistle

le **ski nautique,** water-skiing

le **smoking,** dinner jacket

soigner, to care for

le **soin,** care; les **premiers
soins,** first-aid

le **sol,** soil, earth

le **soldat,** soldier
les **soldes** (m), sales
le **soleil,** sun
le **sommeil,** sleep
   sommeiller, to doze
la **sonnette,** bell
le **sorbet,** water ice
la **sortie,** exit
   sortir, to go out, take out
la **souche,** log
le **souci,** marigold, care
le **souffle,** breath; **à bout de souffle,** out of breath
le **soulier,** shoe
   spirituel, witty
la **sténo-dactylographe,** shorthand typist
   strié, streaked
la **succursale,** branch
   suggérer, to suggest
   suivre, to follow
   surprenant, surprising
le **sursaut,** jump, start; **en sursaut,** with a start

T

la **tâche,** task
la **taille,** size, figure
le **tailleur,** tailor; **le tailleur-pantalon,** trouser-suit
le **talon,** heel
le **tambour,** drum
   tamponner, to bump into
le **tapis,** carpet
la **tapisserie,** tapestry
   tard, late
   tarder, to delay
le **tas,** heap, pile
   tâter, to finger
le **taureau,** bull
le **témoin,** witness

   tenace, obstinate, persistent
   ténébreux, murky
   tenir, to hold; **tenir à,** to be keen to; **tenir de,** to take after
   tenter, to try, attempt
la **tenue,** appearance, dress
le **terrain,** ground
la **terrine,** earthenware pot
   têtu, obstinate
   tirer, to pull; fire (a shot)
la **toile,** canvas
le **tombeau,** tomb
la **torpédo sport,** open sports car
le **tour,** turn, tour
la **tour,** tower
la **tournée,** round, series
le **tournoi,** tournament
   toutefois, nevertheless
   tracasser, to worry
le **train de vie,** way of life
   traire, to milk
le **trajet,** journey, distance
le **travail,** work
   travailler, to work
   tremper, to soak
le **tremplin,** spring-board
le **tricot,** woollen garment
   tricoter, to knit
   trier, to sort
se **tromper,** to be mistaken
le **trottoir,** pavement
le **trou,** hole; **le trou d'air,** air pocket
la **truite,** trout
la **tuile,** tile
le **tuyau,** (hose) pipe

U

l'**urgence** (f), emergency
l'**usine** (f), factory

V

le **vainqueur**, victor
la **vaisselle**, crockery
valoir, to be worth, worthy
vanter, to praise highly; se **vanter**, to boast
le **veau**, veal
la **vedette**, star (of film, etc.)
la **veille**, eve
le **verger**, orchard
le **verre**, glass
la **verrerie**, glasses, glass-ware
la **veste**, jacket
la **viande**, meat
la **vie**, life; le **train de vie**, way of life

vilain, ugly
le **vitrail**, stained glass
le **voilier**, sailing-boat
le **voisin**, neighbour
la **voiture**, vehicle, car
la **voix**, voice
le **vol**, flight
le **volant**, steering-wheel
voler, to fly; to steal
le **volet**, shutter
la **volonté**, will
vraisemblable, probable

Z

zébré, striped